世界多奇妙系列丛书

走进神秘古国

李玉　曹德志◎主编

让孩子在阅读中开阔视野与拥有智慧

中国第一套
原创情景游戏式
青少年百科图书

四川科学技术出版社
·成都·

图书在版编目（CIP）数据

走进神秘古国 / 李玉、曹德志主编. -- 成都 : 四川科学技术出版社, 2013.4（2015.4重印）

（世界多奇妙）

ISBN 978-7-5364-7641-7

Ⅰ. ①走… Ⅱ. ①李… Ⅲ. ①古国 - 世界 - 青年读物 ②古国 - 世界 - 少年读物 Ⅳ. ①K109

中国版本图书馆CIP数据核字(2013)第082773号

走进神秘古国

李玉 曹德志◎主编

出品人 钱丹凝
责任编辑 侯京晋
特约编辑 寿婕
装帧设计 万万设计
责任出版 周红君
图片来源 北京全景视觉网络科技有限公司
出版发行 四川科学技术出版社
成品尺寸 170mm × 240mm
印张10 字数100千
印刷 北京旺鹏印刷有限公司
版次 2014年2月第一版
印次 2015年4月第二次印刷
定价 27.00元
ISBN 978-7-5364-7641-7

■如需购本书，请与本社邮购组联系。
地址/成都市三洞桥路12号 电话/（028）87734035
邮政编码/610031 网址：www.sckjs.com

前言

小博士来了……

哟，原来百科知识可以这样学呀！

真神奇，以前怎么也记不住的历史常识，

现在全都记住了。

以前很想了解极地是什么样子，

如今对极地的一切都了然于心了。

真想不到世界上还有那么多有着悠久历史、魅力无限的城市。

原来伟人们之所以成为伟人，背后有着那么多的故事。

……

不要感到惊奇，因为小博士来了！

小博士是谁？他绝不是孙悟空，因为他没有齐天大圣那般神通广大，相反与你我一样只是普通人；他也不是唐僧，因为他从来不那么啰嗦，相反说起话来，那是惜字如金，言简意赅，绝不多说一句话、一个字；他也不是猪八戒，因为他没有猪八戒那充满神力的耙子，出门只是带着装满了各种知识的大脑……

够酷吧，这个小博士！看来他与《西游记》里的唐僧师徒是八竿子打不着了。不过，这也未必，因为如果非要给小博士形象做个总结的话，我们的小博士与这唐僧师徒还是有着很多相似之处的。我们的小博士，上天入地，潜入海底，踏遍两极，具有积极探索、不畏艰险的精神（想必唐僧师徒西天取经亦不过如此了）；我们的小博士，心地善良，爱护环境，珍惜人类创造的文明与文化（想必这方面与唐僧师徒惺惺相惜了）；我们的小博士，知识渊博，

PREFACE

对百科知识那是无所不知，无所不晓，超级无敌（想必与读经破万卷书的唐僧大师傅有一拼了）；我们的小博士，活泼好动，智慧而机灵（看来在这点上小博士可真是得了齐天大圣孙悟空的真传啊）。

没错，我们的小博士的确如此。不过，除了这些，我们的小博士还可谓“史上最牛的百科知识达人”。小博士讲起世界的百科知识来，不落窠臼，不照本宣科，而是娓娓道来，妙趣横生。所讲内容也是大家感兴趣的，如金字塔、企鹅、神秘的楼兰、花城巴黎……讲到兴之所至，你可要注意了，调皮的小博士，可能会出个题目看看你对所讲的知识掌握了没；也会玩个游戏，在游戏中，展现世界的美妙；也会试试你的眼力，让你找找事物的差异；等等。

小博士来了，一切真的都不一样了。不要惊奇，百科知识的确是可“游览”的。跟随小博士的脚步，听小博士讲述，一切都仿佛在你眼前。跟随小博士，你收获的不仅是知识，还有智慧、兴趣和快乐。

还等什么？收拾好行囊，快随小博士一起畅游世界吧！

2013年秋

目录

CONTENTS

神秘古国在中国

漫长的历史岁月中，在中国大地，你知道有多少独特而灿烂的文明产生吗？你想知道传说中的西域三十六国都是什么样子吗？……不用着急，现在就让我们背上行囊，一起去探寻这些神秘古国。

楼兰古城遗址

“丝绸之路”的咽喉——楼兰

楼兰是古代西域的一个小国，位于今天中国新疆罗布泊西北部。早在公元前3世纪，楼兰就是西域一个著名的“城廓之国”，富庶而昌盛。不过，公元4世纪之后，楼兰却突然神秘消失了，且没有人知道其中的原因。于是，楼兰就成了神秘的代名词。

考考你

楼兰位于著名的“丝绸之路”上，它是因丝绸之路的兴起而繁荣昌盛起来的。那时，往返于欧洲和东亚的商人们在楼兰汇集，使得楼兰成为“丝绸之路”上的重要一站。

黄沙掩埋的亘古凄惶 »

楼兰自从公元400年消失之后，就一直在荒凉的沙漠中沉睡了1500年。直到1900年3月，一位瑞典探险家斯文·赫定来到罗布泊沙漠考察，它才重新出现在世人面前。

楼兰从此不再只停留在书籍的记载中，而是毫不保留地呈现在我们眼前。其中楼兰古城遗址出土的木雕、织物、钱币等，为我们勾勒出了楼兰曾经的繁荣。

智慧灯

斯文·赫定

瑞典籍世界著名探险家，一生进行过许多探险活动，足迹遍布亚洲很多地方。他是第一个发现楼兰古城遗址的人。

▲钱币

▲丝绸

▲壁画

▲木雕

▲楼兰遗址

大漠上的璀璨文明»

看着楼兰残垣断壁的古城遗址，你一定无法想象昔日楼兰古城极其繁华。根据考古学家推断，作为盛极一时的西域重镇，楼兰古城在中西方经济文化交流上具有举足轻重的地位。

那时在楼兰，你既可以看到来自中原的丝绸、瓷器，也可以买到来自波斯的香料，甚至可以买到来自地中海沿岸的特产。这里有中原的商人、剑客和杂耍班子，也有表演波斯幻术的魔术师……总之，东西方两大文明在这里碰撞、融合，在这片黄沙堆成的土地上开出了一朵娇艳的花。

▲游戏里的楼兰城

“三间房”遗址

▲三间房遗址（一）

“三间房”是并排的三间房子的简称，是当时楼兰的“总统府”。不要小看它哦，每天楼兰的国王会在这里处理国事，其他国家来到楼兰的使节也会在这里拜见楼兰的国王。“三间房”就像是楼兰古国命运的钥匙。1000多年前，楼兰古国的文明在这里被其他国家所见证；1000年以后，楼兰古国的文明在这里映入人们的视野，从中国走向了世界，在全世界都掀起了一股“楼兰热”。

▲三间房遗址（二）

▼三间房遗址（三）

▲罗布泊沙漠

▲卫星照片下的罗布泊

神秘的罗布泊 »

位于楼兰附近的罗布泊，是探险者的天堂。罗布泊就像一位带着面纱的西域美人，神秘、美丽而且有着传说一般的历史。

罗布泊现在是亚洲大陆上的“魔鬼三角区”，是古代丝绸之路必经之地。罗布泊到处是茫茫的沙海，黄沙从脚下蔓延到天边。夏天时最高温度竟然达到70℃！

罗布泊自然环境如此恶劣，以致许多探险者永远留在了那里。

智慧灯

罗布泊有多神秘

据说罗布泊发生过很多灵异事件。1949年，从重庆飞往乌鲁木齐的一架飞机，在鄯善县上空失踪，但1958年人们却在罗布泊东部发现了它。令人不解的是，这架飞机本来是向西北方向飞行的，为什么突然改变航线飞向正南呢？好神秘啊！

▲楼兰美女

“楼兰美女”

1980年，一位距今3 800多年的美女在楼兰的一座坟墓中被发现了。虽然这位美女已经死亡，但是她的美丽连同她年轻的身体一直被完好地保存了下来。这位美女有着瘦削的脸庞，尖尖的鼻子，深凹的眼眶和褐色的长发，被世人称为“楼兰美女”。

▲楼兰美女复原图

楼兰古国消失之谜

楼兰古国在极盛时期突然消失，难道是邪恶的巫师使用了魔法吗？这引起了世人的种种猜测，根据小博士的考察和分析，或许是以下五种说法中的一种。

说法一：楼兰消失于战争。公元4世纪后，楼兰王国开始衰落，并遭遇北方强国入侵。在一场残酷的战争之后，楼兰坚固的城门被敌人攻破，敌人随即像洪水一般涌入城内，四处进行破坏。最后，楼兰居民很多被杀害，幸存的则携家带口到远方避难去了，再也没回这个伤心之地。

▼古代战场情形

▲沙漠绿洲

说法二：楼兰衰败于干旱、缺水。楼兰是一个位于沙漠绿洲中的国家。但是随着楼兰人口越来越多，绿洲的树木不断遭受砍伐，渐渐地，楼兰原本的绿洲变成了沙漠，河水也枯竭了，楼兰人最后不得不离开家园。楼兰也自然消亡了。

树木因环境破坏而死掉

说法三： 楼兰的消失与丝绸之路有关。楼兰的兴起很大程度上是由于丝绸之路的开辟，是来自四方的商人将勃勃生机带到楼兰的。人多了，经济和文化得到了发展，一个欣欣向荣的国度便诞生了。可是俗话说“成也萧何，败也萧何”。无奈在经过哈密、吐鲁番的北段丝绸之路开通之后，楼兰所在的南段丝绸之路便渐渐地冷清了起来，这样随着商路的荒废，楼兰也渐渐消失了。

▼行走在沙漠里的驼队

说法四：楼兰被瘟疫所毁灭。楼兰古城因为位置缘故，很容易遭受商旅们带来的瘟疫的袭击。一场突如其来的瘟疫席卷了楼兰，随着大部分人在瘟疫中死去，楼兰从此不复存在。

▲古代瘟疫图

说法五：楼兰被生物入侵打败。两河流域一种叫蝼蛄的昆虫传入楼兰后，由于没有天敌，进行了大量繁殖。它们成群结队地潜入楼兰居民屋中大肆破坏，啃食着楼兰的建筑。楼兰人看到无法消灭它们，只得弃城而去。

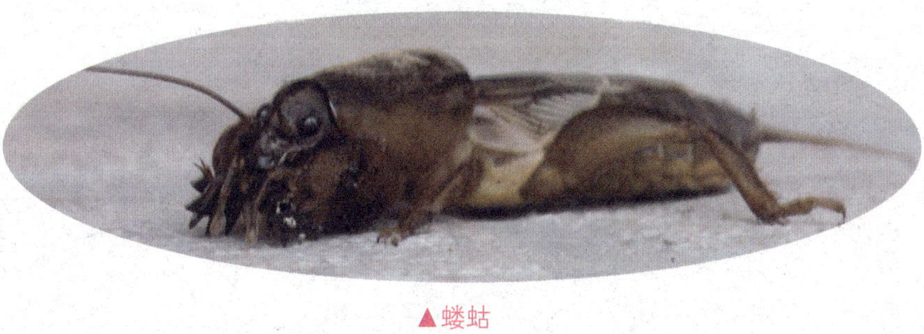

▲蝼蛄

雄霸草原的民族——匈奴

匈奴被誉为“马背上的民族”，因为他们无论在和平年代还是战争岁月，都离不开骁勇健硕的匈奴马。公元前3世纪，匈奴人出现在如今的内蒙古自治区一带，并且开始了他们长达700年的草原生活。经过漫长而艰辛的发展，匈奴人不仅成为了雄霸草原的主人，还与中原的多代王朝演绎出许多惊心动魄的故事。

告诉你

秦汉时匈奴人在一位叫做冒顿的单于带领下迅速强大起来，成为我国北方草原上的霸主，对秦汉王朝构成了不小的威胁。

匈奴祖先的历史渊源

根据史记载，活跃在我国北方的匈奴人是夏朝的一部分汉族人与来自北方的戎族人和来自西部的狄族人等少数民族相融合而形成的。因此，匈奴人既有中原人勤劳勇敢的美好品质，又有游牧人勇猛好战的习性。

▲骑马的匈奴人

虽然匈奴人没有住进温暖坚固的砖瓦房，没有过上安宁稳定的农耕生活，但是他们凭借卓越天赋，在雄霸草原数百年里创造的“胡服骑射”文化为世人所瞩目。

智慧灯

胡服骑射

“胡服骑射”是汉朝对匈奴人战争优势的简练总结。“胡服”是指匈奴人打仗时所穿的短衣瘦袖，匈奴人穿上这样的服装显得干净利落，便于施展拳脚；“骑射”是指匈奴人骑乘战马进攻敌人的方式灵动迅速，行动迅疾。“胡服骑射”后来被汉朝军队推广，成为增强他们战斗能力的灵丹妙药！

生而不凡 »

匈奴在出现的时候本来是一个很小的部落。当时匈奴的处境很危险，因为它一旁是强大的月氏，另一旁是繁盛的秦朝，且它们都对弱小的匈奴虎视眈眈。很幸运这时匈奴诞生了一位了不起的单于——冒顿，他凭借着过人的才能和手段，带领匈奴打败了月氏等敌人，建立起了强大的匈奴王国。

▲当年匈奴生活之地如今已是一片黄沙

这位了不起的单于，有着不同常人的成长经历。匈奴和中原王朝的王位继承方式是一样的，冒顿作为匈奴头曼单于的大儿子，本应该顺理成章地接替父亲继承单于的位置。但是父亲头曼却十分宠爱一位王妃，以至于爱屋及乌，想废掉冒顿，立这位爱妃的儿子为下一任单于！于是头曼打着维护两国和平的旗号，将冒顿送往当时强于自己的月氏作为人质，想借月氏人的手杀掉冒顿。冒顿虽小，心里却很清楚父亲的意图，于是抵达月氏后他处处小心。经过精心的策划，他顺利逃离月氏，返回匈奴。这件事让冒顿初次展示了他非凡的才能。

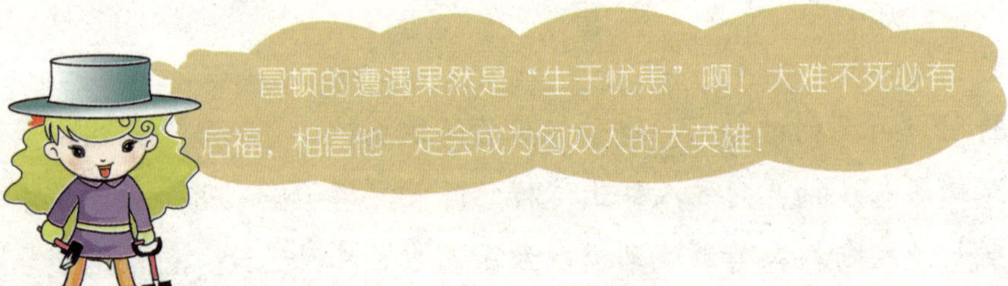

铁腕统领 >>

死里逃生的冒顿虽然没有对父亲表示不满，但在暗地里开始打起了算盘。冒顿发明了一种响箭，并对部下设立一条命令，这支响箭所射向的位置，就是他们应该射杀的目标。为了使部将们牢牢记住这一点，第一次，冒顿将响箭射向一头猎物，部将们紧随其后迅速用乱箭将猎物射死。第二次，冒顿将响箭射向自己的战马，一些部将以为是冒顿失手，就没有射杀战马。结果，冒顿宣称这些人没有遵从自己的指令，立刻将他们斩首。第三次，冒顿将响箭射向了自己的一位爱妃，一些部下心想："冒顿生命中如此重要的人，他怎么会杀害呢？"就没有射箭。结果这些部下也因为没有遵守命令而被冒顿砍了头。

▲匈奴人

抛弃亲情的政治夺权 >>

一次次血的教训让冒顿的部下明白了一个道理：即使冒顿的决定是错误的，他们也要毫不犹豫地去执行。至此，冒顿对部下们的训练感到十分满意，为了夺取王位，他需要做的只是等待。

终于有一天，冒顿认为时机成熟，已经冷酷得像一头饥不择食的狮子的冒顿，恶狠狠地将响箭射向了自己的父亲——头曼。结果可想而知，老单于瞬间被冒顿部下的乱箭射死。头曼去世了，冒顿顺利地成为了新一任的单于，并开始了他对草原志在必得的征服。

▲象征王位的椅子

匈奴强大的秘密武器 >>

人口不足中原王朝五分之一的匈奴人是如何保护自己不受侵犯，甚至让中原人大感头痛的呢？这就要靠匈奴人的秘密武器啦！匈奴有两大秘密武器，一个是比闪电还要锋利的弓箭，一个是比疾风还要迅速的战马。匈奴在很早以前就已经进入铁器时代，匈奴人也已把冶金术引入到自己的武器制造上，这大大增强了他们的军事实力。匈奴人根据自己在箭术上的优势，还创造了很多战术。比如当一个匈奴射手被追赶时，他会引诱敌人进入视野开阔的戈壁或草原，然后用暴雨般的弓箭狠狠地惩罚敌人，直到拖垮敌人，直至一举歼灭。拖垮敌人可是一个持久战，那匈奴骑手的战马岂不是要先被累垮了？这个不必担心，因为匈奴人的战马匹匹都战力非凡！匈奴战马身体较矮，头部略大，体能充沛，耐力持久，行动迅疾。可以说，匈奴战马为匈奴人雄霸草原作出了巨大的贡献！

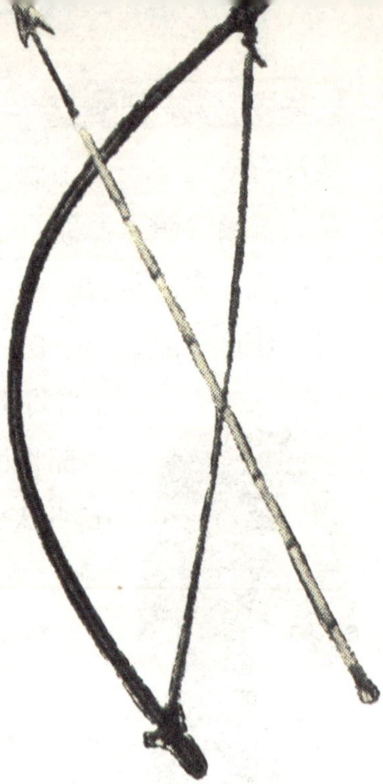

▲匈奴人的弓箭

▲匈奴人的战马

▲匈奴人在战斗中

纷纷扰扰的南北战争 »

生活在漠北的匈奴虽然仅仅存在700多年，但是它却与南部的中原王朝展开过无数次大大小小的战役。战争造成双方尸横遍野、血流成河，也留下了许许多多可歌可泣的故事！

匈奴和中原王朝的战争起初只是小规模的，真正开始大规模战斗是在汉朝，特别是汉武帝时期。汉武帝之前，汉朝饱受匈奴的侵扰，一直是采用和亲政策或每年向匈奴缴纳大量供品的方法来求得边境的和平。汉武帝执政后，汉朝的经济和军事都得到大大发展，汉武帝认为征伐匈奴、一雪前耻的时机成熟，于是果断下令，任命卫青和霍去病为征讨大将军，率领军队浩浩荡荡地向匈奴杀去。

战争旷日持久，足足打了15年，最后盛极一时的匈奴被强大的汉朝赶出了瀚海沙漠以北，结束了他们在草原上的霸主地位。

此后，匈奴渐渐像染上了重症一样，再也没有了往日的辉煌。东汉初年，匈奴分裂为北匈奴和南匈奴，北匈奴经过大规模的迁徙，西迁到了欧洲，建立了幅员广大的匈奴帝国；南匈奴人则与中原人生活在一起，并融入了中华民族的大家庭中。

神龙见首不见尾——契丹

契丹族从北魏开始就在现今的辽河上游一带打渔、放牧，过着悠闲的生活。受游牧生活方式的影响，他们的战斗力相当强，其中最擅长的就是游击战，因此中原人戏称契丹人是“神龙见首不见尾”。唐朝灭亡后，契丹人建立起强大的契丹国，后来改称“辽国”，开始了他们统治中国北方的传奇。契丹的强大曾经一度超越宋朝，那时就它的疆域来看，就已是宋朝的两倍！

告诉你 ……

从风格迥异的服饰发式，再到不断改进的契丹文字，契丹族在中国的历史上书写下了独特的辉煌，留给了我们无尽的遐想……

美好的民族起源传说 »

有一个美丽的传说这样描述契丹族的起源：在美丽广袤的北方草原上沉睡着两条河流，一条叫做“潢河”，另一条被称作“土河”。契丹族的文明就是由这两条河流交织出来的。一天，从平静的潢河水中走出一位沉鱼落雁的仙女，她骑着一头青牛好奇地欣赏着路边的景色。这时，一位身骑白马气度不凡的勇士向她走了过来，显然这位勇士是被潢河中走来的女子吸引了。两个人恰巧在潢河和土河的交汇处相遇，也许是冥冥之中自有天意，他们一见钟情，互生爱慕。于是，草原为证，两条河水为媒，他们结为夫妻，而他们的后代就是契丹人。历史学家根据这个迷人的传说推测，契丹族可能是由一个以“白马”为图腾的部落和一个以“青牛”为图腾的部落在迁徙的过程中相遇而相互融合形成的。

▲仙女与勇士相遇

智慧灯

黄河

告潢河即现在内蒙古的西拉木伦河，意思是“黄水”。契丹人认为西拉木伦河是黄河在远方的女儿，于是以“潢河”来命名它。

归附与反叛中的崛起 »

北魏时，契丹还很弱小，他们不得不通过向北魏纳贡的方式来保全自己。经过几代人的辛勤耕耘，唐朝时契丹已壮大成为部落联盟。这一时期，他们先是臣服于漠北的突厥汗国，后来臣服于唐朝。916年，契丹一部落首领耶律阿保机统一了契丹各部，建立了契丹国。

▲契丹国铜钱

▼耶律阿保机塑像

服饰发型配出可爱风 »

契丹的服饰和汉人一样吗？让我们一起来看看吧！其实契丹人的穿着和汉人有着鲜明的不同，他们穿圆领长袍，袖子很窄，习惯把裤脚塞进靴筒里。让人感到意外的是，契丹族女人的长袍内竟然还会穿一条裙子！契丹人的腰上还会系上一根腰带，上边挂着一些小饰品，像水晶啊、琥珀啊、美玉啊，等等。

要说最奇怪的，还要数契丹人的发型啦！契丹男子只在两个鬓角处留长一绺头发，别的地方剃得光光的！而女子则把前额边的头发剃掉一些，看起来很可爱吧！

▲契丹男人

契丹女人的装束

大字小字都是民族魂 »

作为一个历史上的强大民族，契丹有自己的文字，而且他们的文字还根据创制时间的先后分为大字和小字。契丹族创立文字是在契丹国建立以后的事情，当时的统治者认为，契丹作为一个强大的民族应该有属于自己的文字，于是就参照汉字的形体结构，从920年开始创制契丹大字，后来又创制了小字。千万不要以为契丹小字和大字的区别是因为字本身的大小哦！契丹小字的“小”是因为它创制的时间晚于大字，它比大字拥有更为完备的拼音形式。契丹文字虽然使用了几百年，但是因为不容易学习，所以并没有被契丹人普遍掌握。即便如此，它也以自己独特的方式向人们展示着独特的契丹文化。

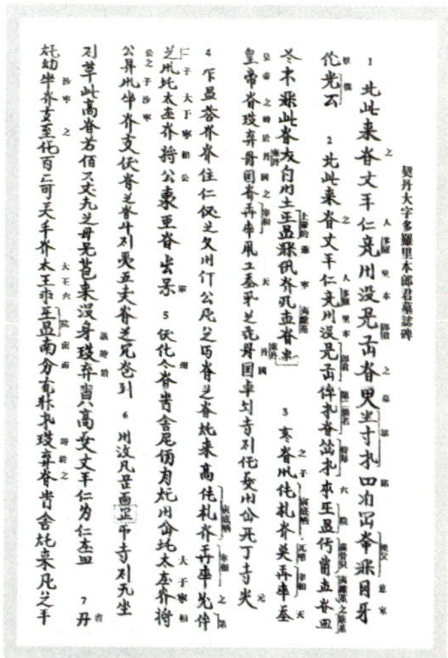

▲契丹文字

寻找和猜测后的重生 »

契丹人的后裔是谁？难道契丹人也同其他古老民族一样，最后与中原人融合了吗？很多专家经过艰苦的求索和合理的猜测后认为，如今的达斡尔人很可能就是契丹人的后裔。在实地调查中，人们发现达斡尔族和契丹人在民间传说、习俗、语言等方面有着惊人的相似。达斡尔人供奉的本族祖先是契丹人800多年前的一位首领；他们狩猎、驯鹰、捕鱼的方式与契丹人大致相同；他们的围棋盘和出土的契丹围棋盘相似点很多……如果达斡尔人真的是契丹人的后裔，那么契丹古国的一些历史将会慢慢重见天日了。

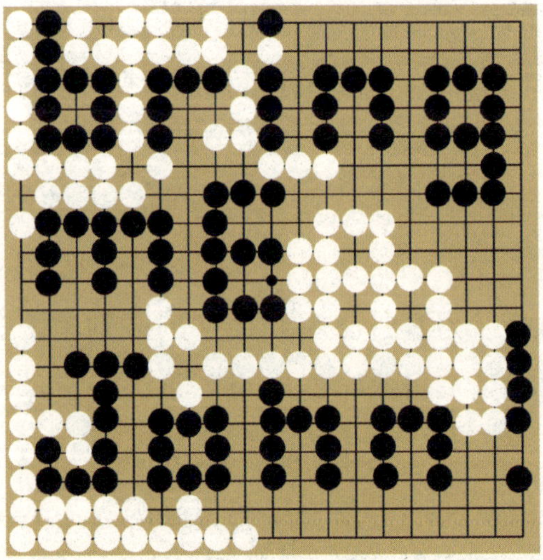

▲达斡尔人的围棋盘

长歌贺兰山——西夏

古西夏国位于贺兰山一带，疆域大致包括今天的宁夏、甘肃西北部、青海东北部、陕北、内蒙古一部分地区。建国时名称为“大夏”，但因为地处宋朝西方，所以宋朝人大多称之为“西夏”，“西夏”这个名字就由此流传了下来。

党项人居然姓李

史书上记载，党项人的姓氏是“李”。这样一个偏远的少数民族怎么能与大唐皇帝同姓呢？原来西夏的历史最早可以追溯到唐朝初年，当时正是党项人发展壮大的关键时刻。为了能有一个和平的发展环境，党项人归附了唐朝，于是唐朝皇帝高兴之余便赐党项于人与皇室同姓。此后大部分党项于人来到唐朝边境后定居了下来，和中原人一起经历了唐朝的繁荣和兴盛，并对唐朝忠心不二。唐朝末年，党项于人还因帮助唐朝皇室平定黄巢起义有功而再一次被赐姓李。等到后来党项于人1038年建立西夏国以后，他们才放弃李姓，自称嵬名氏，当然这是后话了。

宋朝时的西夏

由于地处西凉地区，不适合农作物生长，也没有很好的草原来放牧，因此西夏的经济并不发达。但西夏却依靠武力，经常掠夺宋朝的土地和钱财。在掠夺的土地上，党项人与汉人生活在一起，党项人引进中原先进的农业技术，在广阔的农田里种植蔬菜、水果和粮食，最后用自己的汗水和智慧在银川平原上开垦出了一片富饶美丽的“塞上江南”。

▲银川平原

全民皆兵的西夏 »

西夏之所以能劫掠宋朝的大片土地，最重要的因素就是军事实力的强大。西夏为了实现军事上的优势，采用了全民皆兵的军事制度。所有党项人平时不脱离生产，战时则全部参加战斗。西夏的兵种虽然只有骑兵和步兵两种，但是在数量上却非常庞大。军队包括中央侍卫军4万余人、擒生军约10万人，还有50万的地方军。这些军队的战斗力足以和东汉末年曹操下江南时一拼高下。可见西夏是名副其实的全民皆兵。

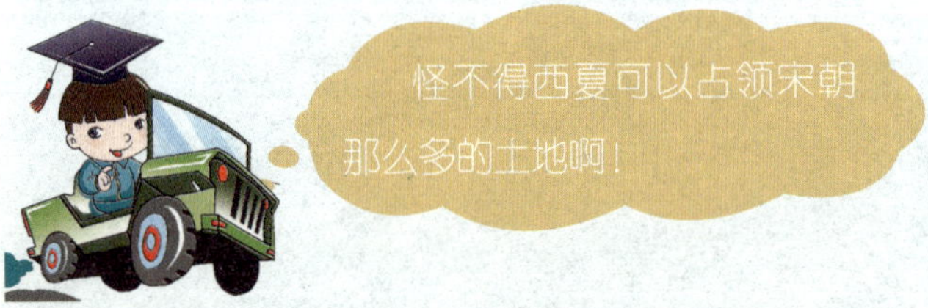

▼西夏王陵

敦煌壁画与西夏 »

作为一个整日四处奔波的游牧民族，党项族在敦煌壁画上留下了自己的影子吗？答案是肯定的！正因为党项人过着自由的游牧生活，所以当佛教向东传入甘肃以后，近水楼台先得月，党项人首先受到了影响，并且西夏内部迅速产生了带有地方特色的佛教艺术文化。

西夏每位国王都对敦煌保持着极大的兴趣，他们就像一群灵感爆炸的设计师，多次为莫高窟进行美容工作。在一次次对莫高窟的美容过程中，设计师们融入大量党项民族特色的元素，因此今天我们还能从莫高窟看到一些党项人的风格。

▼敦煌壁画

为谁开茶花满路——大理

大理国是古代中国西南边陲的一朵奇葩，它位于风景秀丽、气候宜人的云南省。大理国四通八达，与各国之间的贸易往来相当频繁。大理国出产很多宝贝，如矫健的骏马、肥美的羊羔、精致的漆器和锋利的武器等。大理国用这些换回中原的文史典籍、沉香木、甘草和瓷器等物品。在与中原频繁的接触中，大理的国力得到迅速增强，成为了中国大西南不可小觑的国家。

告诉你

大理国在金庸先生的笔下可是充满了神奇和玄妙，那么历史上真正的大理国是什么样子的呢?

其实大理国是一个有着坎坷经历的国度，因此大理国人更向往佛教中的极乐世界，更虔诚地信仰佛教。手捻一朵茶花，口诵一篇经文成为大理人的真实写照。

在动荡中降生

大理国是由一位叫做段思平的白族人在937年建立起来的。当时的云南地区处在大义宁国的统治下，大义宁国的君主是一个贪婪暴力的昏君，他不懂得如何治国，却又横征暴敛，让百姓苦不堪言。人们生活在水深火热之中，于是纷纷起兵反叛。大义宁国内发生动荡，国家政权危如累卵。段思平看到大义宁国即将灭亡，就开始慢慢培养自己的势力。他用减半税收、放宽徭役的方法使云南的人民得以在重负下解脱，人们都期盼能在段思平的政策下过安宁富庶的日子。最终，段思平推翻了大义宁政权，改国号为大理，开启了段氏王朝的统治。

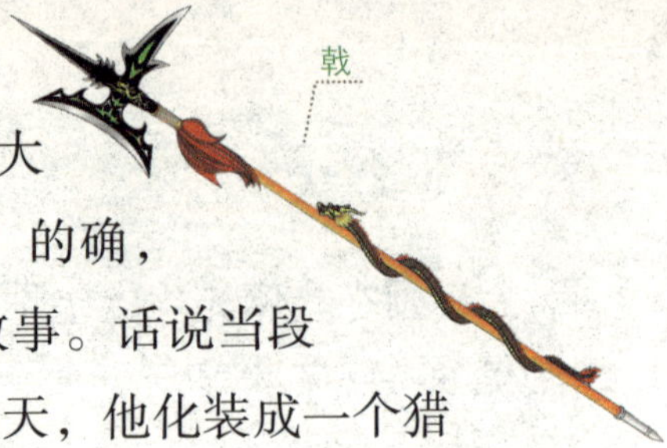

在农户家获戟

段思平能推翻大义宁国建立起自己的大理国，真是了不起啊！的确，关于段思平的起义成功，还流传着这样一段故事。话说当段思平还在筹划如何推翻大义宁国的时候，有一天，他化装成一个猎人，准备去联系一支军队来帮助自己。因为路途很遥远，天色已经漆黑一片段思平还未到达。前后没有旅店，段思平只好到一户农家里借宿。热心的村民招待了他，并且给他安排了一间干净的屋子。夜里，奇怪的事情发生了，农户家的一支戟竟然自己跑进了段思平的房间里！睡眼朦胧的段思平看到这个怪事之后，认为这是上天赐予他的神物，于是带着这支神戟连夜就离开了。后来，据说这支戟果然在战场上为段思平立下了赫赫战功！

在经文中繁盛

你见到过全民礼佛的盛况吗？你听说过君王削发为僧的奇事吗？在大理这个被称为“妙香国”的国家里，你可以看到！大理国信佛礼佛的传统是从开国之君段思平开始的。段思平称帝后年年都会建造佛寺，他在位期间，铸造的佛像有近万尊！以后的大理国王也都为佛教的发扬光大做出了极大的努力，使佛教成为大理的国教。大理佛教最繁盛时期，每一户人家无论富有还是贫穷都会在房子里设立佛堂虔诚祭拜，普通百姓无论男女老少几乎都手持念珠诵经谒佛，他们有的甚至一年中会斋戒半年。

▲大藏经

在儒佛中清平 »

大理国除了信奉佛教外，还信奉儒教。儒教和佛教就像一对形影不离的好兄弟，为大理国的太平盛世作出了巨大的贡献。

大理国古建筑

大理国的儒生大多信奉佛法，而僧人也经常研究儒学，他们发现提倡纲常礼仪的儒教可以定国安邦，兴兵富民；而讲究隐忍轮回的佛教可以安抚民众，稳定社会。于是经过很长时间的摸索，大理国竟然把佛教和儒教神奇地结合在一起，最终形成了“以儒治国，以佛治心”的国策。这不得不让人惊叹！

▼大理国遗址

在青灯旁禅位 »

大理国王前后有23个，其中有10个禅位后出家为僧，这与大理国全民信佛是分不开的。每当国家出现灾荒时，大理国王会认为是因为孽障缠身所致，这样只有皈依佛门才能还百姓一个太平。除此以外，还有些国王是因为不想再忍受现实的纷扰而甘愿在退位后与青灯古刹相伴。

▲释加牟尼像

不过，帝王出家毕竟不同于百姓削发，他们即便皈依佛门，也住在金碧辉煌的专用佛寺，甚至还有一批大臣、嫔妃作为随从。

大理国著名的佛寺有无为寺、崇圣寺、宏圣寺、感通寺等，其中崇圣寺是大理国王们出家的专用佛寺，也是大理国佛教发展到最高峰的标志。它如同一个笔记本，记录下了多个大理国王看破红尘前的洒脱。

在金瓶中守候 »

大理国前后有国王23个，但人们至今没有找到一处他们的墓地。他们将自己藏在了哪里呢？有人说，藏在一处我们不该看到的地方……传说从前有一个彝族老人到巍山县的一座山里劈柴，正在他回家的途中，原本晴朗的天空突然阴暗了下来。眼看暴雨就要落下来了，老人匆匆忙忙中寻找一处山洞躲避。

▲大理国佛塔遗存

老人正在庆幸自己在暴雨降临之前的一刻找到山洞时，忽然发现身旁不远处有一个金灿灿的瓶子。虽然山洞里光线很暗，金瓶依是显得很鲜艳。老人拿过金瓶一看，脸上不由露出惊恐的表情，他迅速扔下金瓶，不顾外面的倾盆大雨，转身就跑了出去。跑回家的老人从此一病不起，不久就去世了。人们猜测他看了不该看的东西，即藏在金瓶中的大理国王们的灵魂。大理国王们并不想让人们发现他们的藏身之地，所以至今还没有人能找到他们的陵墓。

智慧灯

大理国葬礼习俗

因为大理国佛教繁盛，所以从国王到平民死后，大多采用火葬的方式，而不像中原人那样采用土葬。火葬后的骨灰通常用瓶子盛装，王室则用金瓶。

在茶花香中绽放 »

▲茶花（一）

▲茶花（二）

大理国的茶花可谓美丽极了。虽然它的身躯在狂风中摇摆不定，但是花蕾却别具风骨，睥睨一切，迎风怒放！大理人对于茶花的喜爱也达到了狂热的程度，每家每户的庭院中都会栽培上几株茶花。而在宫廷中，茶花同样受到皇室的重视，广为栽培。现今生长在楚雄紫溪山的茶花林，就是大理国皇族建造行宫时栽种的，距今竟然已有600多年！大理人对于茶花的热爱使得云南地区的茶花成为天下一奇，获得“云南茶花甲天下，大理茶花冠云南”的美誉！

绿洲月舞之国——龟兹

龟兹处在西域中心的十字路口上，喀什在它的西南方，楼兰古国在它的东方。它以库车绿洲为中心，最繁盛时疆域北部可以达到天山，南部直抵大漠。

告诉你

龟兹遗址的发现是从一片桦树皮开始的，听起来有些玄乎吧！而更玄乎的是龟兹是在默默中消失的。当我们惊叹龟兹的音乐如此动听、龟兹的历史如此传奇时，龟兹却像一缕烟一样早已经淡出我们的视线，留给我们的是无尽的遐想和感慨。

桦树皮上的开始

▲桦树皮

龟兹遗址的发现，要从一张桦树皮说起。1890年的一天，两个维吾尔族人偶然间在一处废弃的关隘里发现了一堆桦树皮。仔细观察后，他们认为这些桦树皮绝非凡品，而是一叠藏着某些秘密的文稿。不过，他们无法识别上面的文字，就将桦树皮文稿卖给了一位英国军官。这位英国军官将文稿带回了英国。在参考了大量文献，听取了许多专家的意见后，这位英国军官宣布了一个震惊世界的秘密——桦树皮文稿为龟兹人留下的。渐渐地，龟兹国被人们所认识。

龟兹乐 »

龟兹是一个快乐的民族，他们创作歌舞，享受歌舞，在音乐的世界中寻觅幸福。正是由于他们对于音乐的执着，使得龟兹乐不仅在遥远的西域被广为传唱，在广袤的中原也大受欢迎。汉魏时期，龟兹乐已经成为中原王朝宫廷乐的重要组成部分；南北朝时期，它进一步发展成为一种高层次的表演艺术；到了隋唐，龟兹乐的发展达到了最高峰，不仅被去印度取经的唐玄奘在《大唐西域记》里高度赞扬，更被日本遣唐使带回日本，并对日本的音乐产生很大的影响。龟兹乐就像是一团火焰，每到一处，就点亮起人们心中的快乐之火。

龟兹壁画

西域国间的联姻 »

绛宾是龟兹历史上第一个有名字记载的国王，他为龟兹的繁荣发展打下了重要的基础，这还要归功于他的一段爱情故事。乌孙国是与龟兹同时代的一个小国，龟兹是乌孙人往来长安的必经之路。有一次，绛宾扣留了一个从长安归来的乌孙国使团，因为这个使团里有一位才华横溢、貌若天仙的公主。这位公主名叫第史，是乌孙国国王和汉朝解忧公主所生的女儿。她是从长安学琴归来途径龟兹的。绛宾之所以敢冒着被乌孙和汉朝联手报复的风险大胆扣留乌孙国使团，是因为他想娶第史为妻。随后，绛宾多次言辞恳切地前往乌孙国求婚。也许是绛宾的真心和诚意打动了乌孙国王，最后绛宾和第史结为夫妻。

长安一行的震撼

▲龟兹古城遗址

公元前65年，绛宾陪同第史前往长安，算是新婚后的省亲之旅。这次长安之行，绛宾见到了汉朝的繁华与辉煌，并彻彻底底地成为了汉朝的拥护者，甚至是膜拜者。在绛宾的眼中，长安商店里的物品琳琅满目，街道上的人潮车水马龙，宫殿中的群臣优雅大方，与自己的龟兹简直是天壤之别。于是，绛宾暗下决心，要把龟兹建设得同样强大！在回到龟兹以后，绛宾大量引进汉朝的先进技术和制度，从宫殿造型到守备制度及衣食住行之间都让龟兹发生着翻天覆地的变化。他促进了龟兹和汉朝的交流，为龟兹称霸塔里木盆地奠定了基础。

▲龟兹古城遗址

旧王宫里的落寞 »

▲回鹘人

与其他古国一样，龟兹的消失至今还是个谜。只有在民间流传着一段关于龟兹灭国消失的传说。在回鹘人占领龟兹后，回鹘人本来打算重新修建龟兹的都城，想让它恢复往日的繁华。但是都城里的原住龟兹人认为这座城已经饱受战争，沾染了太多的血，飘荡着太多的孤魂野鬼，于是都纷纷搬出城去。开始还是一户两户龟兹人外迁，并没有被回鹘人察觉到。但是当一位骟马匠离开后，城里的局势便急转直下。

▼龟兹时期石窟壁画

骟马匠人的离开 »

这位骟马匠是都城中手艺最好的骟马匠，回鹘宫廷的很多任务都是交由他来完成的。但当他搬到城外后的一天，回鹘宫廷从乌孙弄到了一匹好马。这匹好马因为没有被骟，所以性情凶猛，非常不适合人来骑。但是回鹘的一位王子执意要骑，结果被摔了下来，造成胳膊骨折。回鹘汗王因此大怒，下令抓回了这个骟马匠，并气愤地杀死了他。回鹘汗王本想通过杀一儆百的方式来阻止人们外迁，结果适得其反。骟马匠的死亡更加说明了这座都城充满了杀戮，随后外迁的人越来越多，龟兹古城就随着人口的减少，渐渐消失在茫茫的历史当中了……

龟兹古城

汉孰于我大——夜郎

夜郎是古代中国西南地区的一个神秘王国，它大致在今天贵州的西部和北部、云南的东北部、四川的南部。也许是夜郎比较害羞，还不习惯于被我们看透，因此我们对于夜郎国的了解非常之少。但对“夜郎自大”的故事却耳熟能详。

告诉你

夜郎国的先民是由彝族、苗族、仡佬族、布依族等少数民族组成的，他们兢兢业业地在这片土地上耕耘，一点点地积累着自己的财富、壮大自己的实力。终于，汉朝初年的夜郎国已经不再是战国时期的弹丸小国了。

夜郎国名从何来

是由于夜郎人习惯在夜晚活动吗？是由于他们信奉夜游的神吗？当然都不是。实际上，夜郎国的名字是以第一任国君——夜郎的名字命名的。夜郎为这个国家尽心尽力，奉献了自己全部的心血。

乌孙山

夜郎故地

夜郎自大闹笑话 »

夜郎国最为人熟知的故事应该是“夜郎自大”了。

汉朝时，一位汉朝使者前往夜郎国。因为夜郎国远离中原，处在崇山峻岭的西南地区，所以当地消息很闭塞，夜郎人便自认为夜郎就是天朝大国，无人能及。于是夜郎国王在接见汉朝使者时问了一个愚蠢的问题：“汉朝有我们夜郎国大吗？”这个问题让汉朝使者哭笑不得。汉朝使者只好详细地给夜郎国王介绍了汉朝的强盛，让他知道自己闹了个挺大的笑话。

▲夜郎王像

首创联邦军事体制 »

夜郎国在战国时期本来还是很小的国家，后来一个叫做采默的国王即位后，决定采用一切方法振兴自己的国家。为了抵抗南越的入侵，夜郎国积极与四周的小国建立起一个灵活多变、可攻可守的军事联盟。即当遇到危险时，为了保护共同的利益，各个联盟国应无条件地在夜郎国的指挥下集合兵力对敌作战。虽然这个军事联盟很脆弱，因为当战事结束或者夜郎国的实力减弱时，一些盟国就脱离出去，各自为政了。但即便如此，夜郎国还是一直保持着指挥国的地位，在最强盛的时期，甚至统领了39个邦国。

夜郎故地风景之夜郎洞

夜郎王印

水上浮竹得王子 »

很多部落或者国家都会有自己信奉的神，夜郎国也不例外。与其他民族崇拜威武的神不同，夜郎国所崇拜的是纤细弱小的竹子。是因为他们崇尚瘦竹虚心坚韧的节操吗？让我们听听下边这个传说就知道了。

话说一个女子在一条小溪边浣洗衣服，就在她停下手准备休息时，看到一根大竹子从该水的上游漂流下来，并最后停在了她的脚边。实在影响洗衣服，于是她想把竹子推开，可怎么推也推不开！女子很是惊讶。于是她弯下腰来仔细端详这根竹子，这时隐隐听到竹子里传出小孩子的声音！她急忙把竹子拉上岸，敲开外面的竹节，这时她很惊奇地发现中空的竹子里面居然有一个男婴！她想这个孩子应该是老天赐予她的礼物，于是决心照料这个孩子长大成人。

由于天资聪颖，再加上被悉心培养，这个孩子长大成人后，成为了一个能文能武的人才！并在最后当了一国之君，他就是夜郎王。夜郎国后人特别敬畏竹子，并尊称这位夜郎王为“竹王”。今天的贵州福泉市境内还有一处“竹王城遗址”，它以无声的语言向我们昭示着一个传奇人物在人们心目中的神圣地位。不过，我们眼前看到的这个“竹王城遗址”是清朝康熙年间修建的。它的城墙全长4 500米，厚4米，城门洞高4.5米，为研究夜郎国提供了一定的历史资料。

▲竹王城遗存

▼夜郎故地美丽的风景

西汉的战略伙伴——乌孙

乌孙是曾活跃在我国西部的一个少数民族，他们不在田垄间种地耕田，而是骑着骏马过着自由自在的游牧生活。

乌孙国最早位于今天甘肃省境内，后于公元前139~前129年迁至玉伊舞河伊克豪湖一带，处于汉朝连接西域诸国的交通要道。乌孙凭借着天然的地理优势成为西汉的战略伙伴，但这也意味着它被众多敌人包围，如匈奴、月氏等。

告诉你

虽然乌孙国是汉朝的战略伙伴，但它同时也与其他国家保持着若即若离的暧昧关系。历史上的乌孙到底是什么样呢？让我们一起去揭开乌孙的面纱吧！

死里逃生

众所周知，乌孙是西汉的战略伙伴，曾经与汉朝联手打败过强大的匈奴。但很少有人知道，早期的乌孙却与匈奴有着密切的关系，因为匈奴曾是乌孙的恩人。这一切要从乌孙昆莫即国王难兜靡的死亡说起。

乌孙昆莫难兜靡并不是寿终正寝的，而是在一次战争中被月氏人杀害的。可怜的猎骄靡刚刚出生就失去了自己的亲生父亲，成为了一个孤儿。后来，他被匈奴首领冒顿单于收养，并且在匈奴的帮助下得以复兴乌孙国。

乌孙山

乌孙与匈奴因此一度也成为亲密的盟友。两国在公元前176年同时发兵，合力打败了月氏。对乌孙国而言，这次胜利既是一次雪耻，又让他们获得了月氏人肥美的土地。

与汉朝接触 »

感念冒顿单于对于自己的养育之恩，成为乌孙昆莫后的猎骄靡对匈奴有着特殊的情愫。汉朝曾秘密派出使者前往乌孙，建议乌孙返回曾经被月氏掠夺的故地，这样可以方便乌孙和汉朝一同对付匈奴。这个提议被猎骄靡坚决地拒绝了，因为他不肯做背信弃义的事情。

汉朝使者出使西域国

汉朝并没有放弃与乌孙合作的意图。在日后频繁的交往中，汉朝使乌孙深刻了解到中原的国富兵强，使乌孙明白一个道理：如果乌孙不愿意长久依靠匈奴的保护而生存，就需要和汉朝联手才能逐渐变得强大。这也促使了日后汉朝和乌孙婚姻外交的形成。

和亲政策 »

西汉时期，匈奴是汉朝最大的敌人，因此汉朝为了联合其他小国共同抵抗匈奴，便采用和亲政策，将公主下嫁给各个国家。其中，乌孙是当时西域最大的王国，也是离匈奴最近的王国，自然成为汉朝和亲政策的对象。

公元前110年左右，乌孙国向汉朝献上西域宝马作为聘礼，正式要求和汉朝和亲。为了积极回应乌孙国以表示汉朝联盟的坚定决心，汉武帝不仅将细君公主下嫁给乌孙王，还赠送嫁妆千金、侍者百人。

细君公主清苦的生活 »

“和亲公主”的名字听起来很高贵，但每一位远赴异域的公主所肩负的责任和所忍受的痛苦是常人无法体会的。作为乌孙和汉朝联姻外交中的第一位和亲公主，细君公主被乌孙王猎骄靡册封为右夫人。但是细君公主由于语言不通，又与猎骄靡年龄差距太大，只好独居在乌孙的一间宫室里。细君公主曾经写过一首诗表达自己生活的冷清愁苦。汉武帝得知后，却也只能对她的处境表示同情，除了每隔一年赠送给细君公主一些慰问物品之外，并不能减轻她心中那种伤感的心情。

▲细君公主

细君公主不仅生活清苦，还有过改嫁的经历，这在当时中原人的观念中是很难让人接受的。因为按照乌孙的风俗习惯，父亲死去之后，儿子可以娶自己的后母为妻。于是在猎骄靡死后，细君公主又改嫁给下一位乌孙昆莫，她不久便去世了。

▼细君公主雕像

联姻继续

细君公主去世之后，为了加强和乌孙的关系，汉朝又将解忧公主下嫁给乌孙昆莫军须靡。相比游离于乌孙政治之外的细君公主，解忧公主对乌孙的影响是很大的。她在乌孙的50年中曾先后嫁给军须靡、翁归靡、泥靡为妻。解忧公主帮助并支持翁归靡，为乌孙和汉朝的友好关系贡献出了自己的青春年华。

叶落思归根，最后年迈的解忧公主请求回到汉朝。于是汉朝将她迎回长安，使她得以在故土安度晚年。

解忧公主

乌孙种族推测

乌孙人的种族问题千百年来一直扑朔迷离，迄今为止获得的主流说法主要有3种。

说法一：乌孙人是匈奴人。人们猜测的理由首先是乌孙人与匈奴人的生活方式相同，都过着无拘无束的游牧生活，并不从事农耕生产；其次是匈奴的冒顿单于之所以会在乌孙兵败后收养猎骄靡，是因为他们原本就有血缘关系，亲戚之间互相帮助是理所应当的。而且乌孙和匈奴虽然也有兵戎相见的时候，但两个皇室一直保持着密切的联系。

说法二：乌孙人是突厥人。这种观点是从图腾、语言和地域角度来阐释的。他们发现乌孙人王族贵人的名字多以“靡”字收尾，属于突厥语族；而且乌孙人和突厥人的始祖神话都与狼有关，这个始祖很可能是同一个人，两个国家很可能是这个始祖的两个分支，或者彼此是对方的分支。乌孙国的领地又和突厥族兴起时的活动疆域相吻合，更印证了这一点。

说法三：乌孙人是东伊朗族。这种说法的理由主要是认为乌孙文化和东伊朗文化有一定的传承关系。

结合以上的多种说法，今天人们普遍认为，乌孙不是某一个民族，而应该是一些民族组成的大家庭。至于到底有哪些民族，还需要聪明的你做进一步的考证。

▼乌孙国故地风光

河西走廊的放牧者——月氏

月氏秦汉时生活在现今甘肃的河西走廊。那里水草丰美，土地肥沃，非常适合月氏人放牧，月氏人由此也被称为“河西走廊的放牧者”。有如此得天独厚的自然条件，月氏人慢慢地强大了起来，甚至一度超越匈奴，成为西域霸主。

告诉你

月氏人的辉煌似乎很短暂，史料中提到更多的则是月氏被迫进行迁徙及重建家园的故事。

曾经的强大与辉煌

▲月氏人曾经生活过的河西走廊

秦朝大将蒙恬率领大军北伐匈奴的时候，匈奴的国力还远不如月氏。后来为了全力抵抗秦朝的攻击，消除后方对于月氏的顾虑，匈奴首领头曼单于不得不选择将儿子冒顿遣送到月氏做人质，以防止月氏人帮助汉朝人夹击匈奴。可见，当时的月氏还是一支不可小觑的力量。

遣送质子是古代中国为了保持两国和平所发明的外交手段之一。通常是弱国为了表示对强国的服从。

漫长的颠沛流离 »

▲大月氏王庭祭坛遗址

月氏的繁荣只是昙花一现，随着匈奴的瞬间崛起，月氏人开始了漫长的颠沛流离的生活。

公元前2世纪，冒顿单于建立起强大的匈奴帝国，并不断向外扩张。他首先将魔爪伸向了身旁的月氏，对月氏连续发动了3场战争。战争结束后，失败的月氏不得不从富庶的河西走廊西迁到现今的新疆东部，没过多久又被迫迁到准噶尔盆地，最后不得不退守到天山以北的伊犁河上游一带。

悲情的再次迁移 »

屋漏偏逢连夜雨，刚在伊犁河上游站稳脚跟，当年被月氏人打败的乌孙国在匈奴人的帮助下杀了过来。为了避免更多的伤亡，月氏人不得不又向西逃到妫水（今中亚阿姆汉）的北边，并在那里扎下了根。

▼伊犁河上游自然风景

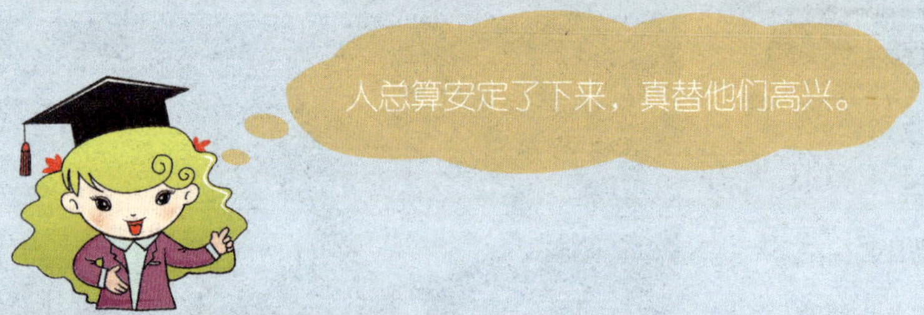

无奈的骨肉分离

在迁徙过程中，大部分月氏人到达了妫水，但也有少部分人由于不同的原因而留在沿途的各个地方。这样月氏人实际上被分成了两部分，习惯上人们将迁徙到妫水的月氏称为大月氏，将留在中国西部甘南、青海的月氏称为小月氏。所谓小月氏，准确地讲，是在匈奴第一次击败月氏时，不愿意随大军西迁而留守在河西走廊的月氏人。他们后来迁入祁连山内，与羌人生活在一起。到了东汉时期，小月氏人在服饰、饮食和语言上与羌人已经没什么两样，但牢记祖先的他们仍然称呼自己是“胡人”，而不是“羌人”。几百年过去后，小月氏人逐渐与羌族、汉族和附近的其他民族融合，并最终从史书中消失了。

▼祁连山风景

神秘古国在亚洲

在亚洲广大的土地上，除了中国的土地外，曾经出现过许多称霸一时的文明古国。它们有的因民族天生的骁勇善战而称霸一方，将自己国家的疆土扩张得无比广阔；它们有的凭借着过人的民族智慧创造出了璀璨的文明……

汗血宝马的故乡——大宛

以汗血宝马著称的大宛国是古代西域三十六国之一。大宛国农牧业兴盛，葡萄、小麦和水稻驰名天下。在漫长的历史进程中，大宛人创造了属于自己的奇迹和辉煌，但他们也在默默无声中消失了，把自己朦胧的背影留在了如今的乌兹别克斯坦、塔吉克斯坦、吉尔吉斯斯坦三国的交界处。

告诉你

经过一代代人的不懈努力，大宛国的秘密渐渐被发现，那么它是怎样登上古代中国历史舞台的？它与中原人能和睦相处吗？……这些问题的答案接下来会被一一揭开。

被困匈奴的汉朝使者

汉朝初期，因为正处在恢复元气的过程中，汉朝军事实力还比不上强大的匈奴人，因此饱受欺辱。于是，汉朝派遣使节张骞，不顾跋涉千里的艰辛，寻找同样被匈奴欺凌的月氏国，打算与它结盟，一起消灭匈奴。

在前往月氏国的途中，汉朝使节遇到一个很棘手的问题：只有越过匈奴辽阔的疆域，躲过匈奴众多的眼线，才能安全到达月氏。实际证明，这是个相当艰巨的任务。就在汉朝使者小心谨慎地穿越匈奴疆域的时候，不幸被匈奴发现了。匈奴人并没有斩杀使者，而是将他们扣留在匈奴。汉朝使者被扣留后，在匈奴一住就是10年。但10年的时间并没有让使者们忘记自己的使命，他们无时无刻不在筹划着逃离匈奴的打算。终于有一天，在匈奴人对他们的防范渐渐疏忽时，他们顺利逃走，在不熟悉当地的情况下，阴差阳错地逃到了大宛国。

▲汉朝使臣出使西域

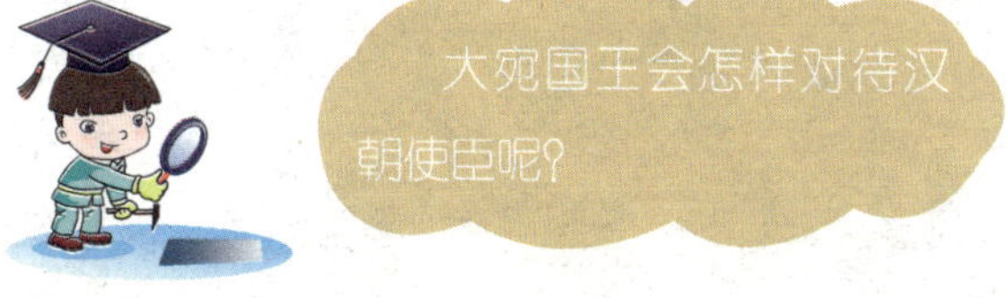

大宛与汉朝使者 »

大宛一直很仰慕中原，想和中原结盟，并学习中原文化。因此当大宛国得知汉朝使者来到大宛后，就热情招待了他们，并为他们提供翻译和向导，协助汉朝使者前往月氏。不过，当汉朝使者千辛万苦到达月氏后，却发现月氏人生活已经很平静安逸，不想再发动战争了。汉朝使者只好返回汉朝。不过汉朝使者回到长安后，向汉武帝汇报了在大宛的见闻。

▼大宛遗址

贪婪的大宛大臣们 »

汉武帝从汉朝使者的描述中得知大宛国的存在，也了解了汗血宝马的神奇。战马是威武的象征，是争夺天下立于不败之地的基础，因此接下来汉武帝为了获得汗血宝马对大宛国发动了两次战争。大宛国因为宝马而闻名华夏，也因为宝马而招来血光之灾。但这两场战争的发动也不能完全归咎于汉武帝，其间也有大宛国贪婪误国的教训。汉武帝原本是派人带着一个用黄金精心打造的马模型前往大宛国的，想用重金大礼来换取汗血宝马。但是大宛国的大臣们认为汗血宝马是大宛国的国宝，自己拥有的数量就不是很多，不能轻易送给外人。同时贪婪的大臣们又很不甘心汉朝使者把带来的如此贵重的礼物拿回去，于是就强行扣押了使者所带的礼物，然后将他们驱逐出境。

大宛与汉朝之间的战争 »

大宛的大臣们本以为大宛距离汉朝很遥远，汉朝不会远征前来攻打他们。他们的想法真是太荒谬！汉武大帝怎么能对这种事情善罢甘休呢？

公元前104年，汉武帝第一次发兵几万人攻打大宛。但在前往大宛的途中被一个小国打败，残军退到敦煌，所剩兵力已不到出征时的十分之一。第二年，汉武帝又集结了6万士兵从敦煌出发，对大宛进行了第二次进攻。这次进攻顺利了很多，汉朝军队将大宛城围得水泄不通，并调遣专业人员切断大宛城的水道。大宛国在死伤惨重、城内断水的情况下不得不投降。

传说中的汗血宝马

汗血宝马甲天下 »

▲汗血宝马（一）

汗血宝马因为盛产于大宛，因此也被称为“大宛马”。它最大的特点是在飞奔的时候，肩膀位置的肌肉会慢慢鼓起来，并且流出像鲜血一样的汗水！听起来很吓人吧，但这也正是“汗血宝马”这一霸气名字的由来！

当然，仅凭这一点还不足以说明汗血宝马的神奇，它真正的秘密武器是速度快、耐力久、体型健美、易于驯服。

▲汗血宝马（二）

征伐四方——亚述

在古老的美索不达米亚平原上，充满了文明之间的争斗。在历史的这场淘汰赛中，亚述人发展出了充满暴力的文明。他们骁勇善战，喜欢用武力证明自己存在的价值。

告诉你

亚述帝国的称霸，经过了漫长的岁月。亚述人一次次建立起强悍的政权，也一次次在更强的外敌入侵后倒下，然后又站起来再建立一个更加强悍、更加辉煌的政权。

古亚述与中亚述

公元前2006年，美索不达米亚平原上的亚述人建立起了自己的王国，亚述贵族的长老议会掌管着这个国家。到了公元前17世纪，沙西姆亚达德一世篡夺了长老议会的权力，成为这个国家真正的统治者。同时他的野心也随着亚述人的铁军蔓延到了地中海东岸的大部分地区。称霸一方的古亚述在沙西姆亚达德一世的带领下达到了顶峰，也随着他的去世沦为了古巴比伦与米坦尼国的属地。古亚述灭亡。

▲亚述骑兵

沉寂了三百余年，随着米坦尼国遭到赫梯人的沉重打击，亚述人得到了一个喘息的机会，他们以更加强盛的姿态卷土重来。这一时期的亚述被称为中亚述。中亚述到提格拉·帕拉萨一世执政时达到了强盛的顶峰，但随着他的去世，中亚述又一次衰落了。

亚述帝国的复兴

两百年以后，亚述人等来了又一个复兴的历史机遇，他们也牢牢地抓住了。那时，赫梯与埃及两大帝国因长期交战而衰落，南方的巴比伦王国对亚述人也构不成威胁。与此同时，亚述人中出现了一位伟大的领袖那西尔帕二世……一个崭新的亚述又出现了。

公元前883年，那西尔帕二世带领亚述人开始了一次又一次对外战争。在一共进行了32次远征后，重新将两河流域置于自己的统治之下。

▲亚述士兵

▲亚述石刻画像

新亚述帝国的强盛»

公元前7世纪，新亚述帝国带着亚述人固有的野性和暴力又重新站在了历史的舞台上，这一次他们比他们的祖先取得了更加辉煌的战绩。新亚述帝国在经历了军事改革之后，建立起当时世界上最科学的军事体制，一支当时世界上最强大的军队由此诞生。

这样崭新而强大的亚述也迅速开始了对周边国家进行狂风骤雨似的打击。新亚述首先征服了整个叙利亚地区，又兼并了巴比伦。之后再进军小亚细亚、腓尼基、以色列，还彻底摧毁了乌拉尔图国。最后征服了埃及，灭掉了埃兰，形成了一个地跨亚、非两洲的大帝国。

◀亚述国王雕刻画像

智慧灯

亚述人的攻城器

亚述人不仅仅拥有强悍的武力，也有着非凡的智慧，并能够把这种智慧转化成杀敌的利器。看下边，这是让亚述人引以为豪的攻城器——投石机。投石机是一个巨大的木框，里面装有奇特的绞盘，上面缠绕着用马鬃和树皮编成的坚韧的绳索。士兵只要一用力拉动绳索，投石机就会射出巨大的石头和燃烧的油桶。当时许多名城都毁于亚述人这种武器的攻击之下。

▼投石机

血腥的亚述人 》

◀亚述国王画像

亚述人用敌人的鲜血为他们的成功铺路，这或许是他们凶狠的本性吧。

从那西尔帕二世开始，亚述军队所到之处都是一片狼藉。只要当地的居民稍有反抗，马上就会招来亚述士兵疯狂的报复。

亚述人往往将所攻破城市里居民的头颅敲碎，喉咙割断，抢走他们的财产，烧毁他们的房屋。如在攻破叙利亚首都大马士革以后，亚述人将成千的战俘绑在削尖的木桩上，让他们在痛苦中慢慢死去。城中被亚述人斩下的头颅竟然堆成了一座小山！

▲亚述骑兵

▲亚述骑兵团

智慧灯

亚述的灭亡

庞大的亚述帝国，是一个建立在血腥与暴力之上的政权。这样的帝国注定不会长久。亚述帝国建立不久，被亚述人压迫的各族人民就开始不断起义。不久，在巴比伦诞生了一个新的国家，这里集结着各地反抗亚述暴力统治的力量。到了公元前605年，称霸一时的亚述帝国土崩瓦解，从此消失在历史的长河中。

名城尼尼微

尼尼微位于今天伊拉克的北部，在底格里斯河的东岸，是新亚述帝国的最后一个都城。

新亚述在最强盛的时期将都城迁到这里，新扩建的尼尼微城无处不彰显着这个蒸蒸日上的帝国的气势。尼尼微的城墙有两层，尼尼微城墙高大坚固，城市雄伟壮观。城内最庞大的建筑是位于城南的“盖世无双王宫”，它四边的长都有200米，在当时盖世无双。

“盖世无双王宫”是由大批来自土耳其、波斯和巴比伦的能工巧匠建造的。王宫建有供水设施，水可以直接流到王宫的浴室里，浴室内设有淋浴，并设有格子窗和通风口，以便向室内输送新鲜空气。

▶尼尼微古城遗存（一）

▶尼尼微古城遗存（二）

在当时，尼尼微城绝对可称得上是世界一流的城市。

▼尼尼微古城门遗存

世界上最早的图书馆

▲亚述巴尼拔在战斗中

亚述巴尼拔是新亚述末期最杰出的国王之一。他在位时不仅使新亚述帝国的疆域达到了极限，而且作为一位尊崇文化、博学多才、爱书入迷的国王，他还建造了世界上第一个图书馆——亚述巴尼拔图书馆，这要比埃及亚历山大图书馆早400年。

▲亚述巴尼拔图书馆出土刻在泥板上的图书（一）

亚述巴尼拔图书馆是亚述巴尼拔的私人图书馆，其大部分藏书是从全国各地搜集来的摹本。图书馆中刻在泥板上的楔形文字图书大约有3万册，且门类齐全，涵盖哲学、数学、语言学、医学、文学以及占星学等各个方面，著名史诗《吉尔伽美什》就是在亚述巴尼拔图书馆发现的。

▲亚述巴尼拔图书馆出土刻在泥板上的图书（二）

▲亚述巴尼拔图书馆出土刻在泥板上的图书（三）

两河流域的文明古国——古巴比伦

提起古巴比伦，估计无人不知，因为它与中国、古埃及、古印度一起被称为“四大文明古国”。那么你知道古巴比伦人为什么要建造神奇宏伟又仿佛是幻影的空中花园呢？古巴比伦真的如《圣经》上所说，是一座邪恶的城市吗？……

告诉你……

巴比伦的意思是“神之门”，它富丽堂皇，雄伟壮阔，仿佛神仙所居之所。巴比伦最著名的就是它的“空中花园”。这座奇伟的花园被评为世界七大奇观之一，成为人们追捧的“明星”和向往的“圣地”。

美轮美奂的“空中花园”»

▲人们想象中的空中花园

“空中花园”真的是悬浮在天空里的吗？当然不是。其实，“空中花园”是指建筑在梯形高台上的花园。“空中花园”坐落在巴比伦皇宫广场中央，是一座锥形建筑物，有7层平台，每层平台都是一个花园。花园里鲜花盛开，树木葱绿，美不胜收！整个空中花园高达105米，相当于现代30层楼那么高。这样看来“空中花园”入列七大奇观一点都不为过。

“空中花园”身世之谜»

如此神奇的建筑仿佛超出了人类的能力极限，于是就有人开始怀疑古巴比伦人为什么要建造这样一座花园呢？相传是巴比伦国王尼布甲尼撒二世为取悦自己心爱的王后命令工匠建造的。巴比伦国王尼布甲尼撒二世娶了米底的公主安美依迪系亲为王后。安美依迪系亲非常美丽，尼布甲尼撒二世很宠爱她。可是过了一段时间，她神情忧郁，尼布甲尼撒二世不知原因，便问她为何愁苦，安美依迪系亲说：“我的故乡青山绿水，到处是花，像花海一样。而这里是一望无际的平原，连个小山丘都找不到，梦里常梦到故乡，我多么渴望能再见见我家乡的美景啊！”尼布甲尼撒二世一听是由于安美依迪系亲得了思乡病，于是，尼布甲尼撒二世命令工匠按照米底山区的景色，建造了层层叠叠的阶梯型花园，上面栽满了奇花异草，并在园中开辟了幽静的山间小道，小道旁是潺潺流水，这就是后来传说中的“空中花园”。

人类社会的第一部法典»

巴比伦历史上最著名的国王要数汉谟拉比了。这位英明的国王在位期间，巴比伦产生了人类社会有记录以来的第一部法典——《汉谟拉比法典》。法典涉及社会的各个方面，其中许多规定即使今天看起来也觉得不可思议。如法典允许妇女拥有财产并且可以从事商业。此外法典中还有一个奇怪的原则——“以牙还牙”原则。比如说，如果一座建筑倒塌而造成了人员伤亡，那么这栋建筑的承包商必须以命还命。怎么样，够严酷吧！

古巴比伦的文化之最

追溯古巴比伦的历史，我们会发现它比古埃及的历史还要古老。同时，这个古老的民族除了颁布了世界上第一部法典，还有20多项世界文化之最呢！比如，古巴比伦建立了世界上最早的学校，最早出现史学家，最早出现药典等。

▼巴比伦雕塑

曾与埃及试比高——赫梯

有一个民族只存在于《圣经》的记载中，引得历史上无数好奇的探险家耗尽一生去寻找，他们就是赫梯人，4000年前，赫梯人创造了辉煌的赫梯文明，一度让强盛的埃及都感到了威胁。

告诉你

仅仅繁荣了500年的赫梯文明，就像一朵浪花被遗忘在历史的长河中，直到1834年，随着法国古董商人查理·特克斯尔在土耳其安纳托利亚的小山村博兹柯伊发现了一处赫梯人曾经生活的废墟，赫梯人才又重新回到了我们的视线。

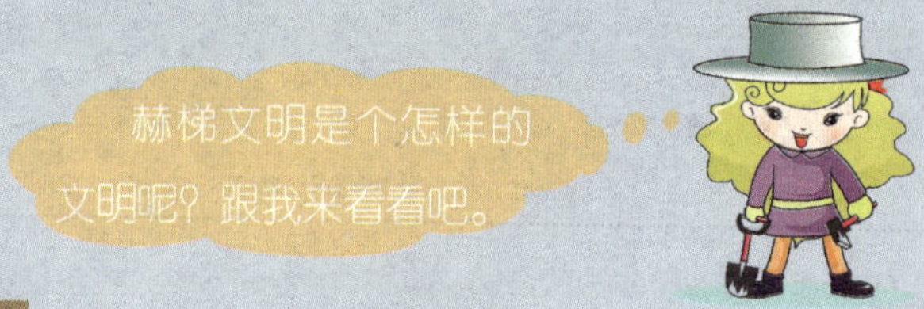

跌宕起伏的赫梯史诗 »

4000年前，赫梯人处于亚述人的殖民统治之下，直到公元前18世纪，哈纳与他的儿子安尼达当上了赫梯的国王后，赫梯开始走向强大。在两位国王的带领下赫梯兼并了周边的小国，建立起了一个能与古巴比伦抗衡的军事强国，不过在摧毁了巴比伦第一王朝后，赫梯陷入了内乱，一度走向衰落。

▼赫梯战车

▼赫梯都城遗址

时间又过了200多年，赫梯王国在苏皮卢利乌马斯一世与二世的努力经营下，又以一个强者的姿态出现在历史的舞台上。

◀赫梯时期雕塑

智慧灯

最早使用铁制武器的民族

就在赫梯王国陷入内乱、国力衰微的时候，上帝却在这片土地上种下了希望的种子，这颗种子也成为赫梯人卷土重来的利器——铁制武器。那时的赫梯人已经掌握了制铁技术和各种金属冶炼技术，并发明了灵活轻便的马拉两轮战车。锋利的铁制武器与马拉两轮战车把赫梯军队武装成了当时世界上最强悍的军队。

卡叠石之战»

赫梯帝国复兴后，它的邻居古埃及觉得抢了自己的风头，于是将赫梯视为眼中钉，而赫梯人也将古埃及视为自己扩大疆土的障碍。双方之间的战争似乎一触即发。公元前1300年前后，长久以来的敌视情绪终于升级成为两大帝国之间的生死较量——历史上著名的卡迭什之战爆发了。

▲赫梯人的战车

▼赫梯古城遗址

◀拉美西斯二世

埃及10万大军在法老拉美西斯二世的率领下，向赫梯进发。赫梯军队则在卡迭什城设好了埋伏。在埃及大军到后，赫梯军队先派出一支小部队迎敌，边打边退，将埃及军队引至卡迭什下的埋伏圈里。埋伏好的赫梯士兵一齐出动，把埃及军队杀得丢盔卸甲，落荒而逃。

这一仗赫梯大获全胜，并占领了叙利亚的部分领土，从此进入了全盛时期。

埃及军队为他们的轻敌付出了代价！

相互和解 »

在卡迭什之战后的16年里，赫梯和埃及一直保持着断断续续的交战。就在它们互相争斗、互相消耗的16年里，亚述帝国在两河流域重新崛起，赫梯与埃及都感到了威胁。

于是，卡迭什之战16年后的某一天，埃及士兵向拉美西斯二世报告道：“赫梯使者来了。”然后赫梯使者捧着一块字版毕恭毕敬地把其交到了埃及法老的手中，埃及法老一看字版的内容立刻惊呆了。原来，那是赫梯人向埃及传达善意的停战和约！久受战争之苦，埃及法老当下就同意了。和约包括两国应互相信任和永不交战等18项约定。

▲《卡叠石条约》残片

▼赫梯古国遗存

哈图莎古城»

哈图莎古城传说是赫梯王国的都城。

哈图莎古城依山而建，雄踞于陡峭的山脊上。有长达6千米的高墙将古城围绕起来，难怪在那个战火纷飞的年代，赫梯人可以一次又一次地击退敌人的进攻。

◀哈图莎古城（一）

▼哈图莎古城（二）

▼哈图莎古城（三）

佛教的故乡——印度

印度是世界四大文明古国之一，有着悠久的历史。公元前2000年前后，印度文明开始出现，并在以后的历史长河中不断得到壮大和发展，最终走出印度，影响全世界。

告诉你

古印度文明是在不断的更替、变换中发展形成的。正因为如此，古印度文明留给后人太多的不解之谜。让我们沿着历史的足迹，一起步入古代印度文明的神秘殿堂，去解读古代印度人民的睿智吧。

雅利安人的入侵与吠陀文

▲达罗毗荼小孩

▲雅利安女人

在印度这片神秘的土地上，一直生活着的是达罗毗荼人。公元前1500年左右，中亚游牧民族雅利安人从西北方侵入印度，征服了达罗毗荼人。

之后，雅利安人继续向东南方向前进，把自己的领地扩张到了恒河流域。在漫长的岁月里，雅利安人和当地土著居民融合，创造了古印度文明的源头——吠陀文明。

“吠陀”指的是当时婆罗门教的经典《吠陀》，当时所有的印度文化几乎都围绕着婆罗门教展开，古印度文明始终保持着浓厚的宗教氛围的原因大概就在此吧。

智慧灯

雅利安人

雅利安人自称为高贵的人（“雅利安”意为高贵）。他们是白种人，长相具有明显的欧洲人特征：白皙的皮肤，高大的身材，浓密的胡须，细高的鼻梁，深邃的眼睛，等等。

等级森严的种姓制度 »

▲劳作中的达罗毗荼人

雅利安人认为自己的相貌俊美高贵，而达罗毗荼人长得黝黑丑陋，又肮脏又低贱，而且还是雅利安人的手下败将，所以当雅利安人以入侵者的姿态占领印度以后，他们十分瞧不起当地的土著居民——达罗毗荼人。于是，当时的印度社会就出现了最初的等级分化：上等人（即雅利安人）和下等人（即达罗毗荼人）。

随着社会的进一步发展，雅利安人内部也出现了等级划分，分为婆罗门、刹帝利、吠舍三个种姓，加上被称为首陀罗的达罗毗荼人，印度等级森严的种姓制度就此形成了。

婆罗门是祭司贵族，位于社会的最高层，掌管宗教事务。

刹帝利是军事贵族，地位仅次于婆罗门，从事军事管理和行政工作。

吠舍是平民阶层，包括地主和商人。

首陀罗即土著达罗毗荼人，处于社会最底层，从事耕种与手工劳动生产。

智慧灯

贱民

各个种姓的职业世袭，不能通婚。随着时间的推移，在首陀罗之下又出现了一种身份——贱民，就是指不可接触的人。他们从事被认为是最低贱的职业，比如抬死尸、清理粪便等等。贱民只能居住在村外，连走路时都要佩戴特殊的标记，嘴里要不断地发出特殊的声音，或者敲击某种器物，来提醒高级种姓的人及时躲避。

婆罗门教与三大主神 »

随着种姓制度的确立，位于社会最高层的婆罗门利用宗教特权，建立了一种婆罗门祭司至高无上的新宗教——婆罗门教。婆罗门教相信世界上有灵魂存在，也相信灵魂能够转世，善恶最终都会有报应。同时，为了维护婆罗门祭司的地位，婆罗门教还宣扬婆罗门祭司是“人间之神”，为各个种姓提供了应有的社会行为规范，声称各个种姓只要按照社会规范生活，下辈子一定会得到好报。

▲梵天、毗湿奴和湿婆在一起

婆罗门教有三大主神——创造之神梵天、保护之神毗湿奴与毁灭之神湿婆。

梵天是宇宙的创造者，他有4只手臂，4个头，据说一个头掌管着宇宙的四分之一。

毗湿奴是大慈大悲之神，当世界被恶魔毁灭的时候，他就会化身成为鱼、蛇、龟、野猪、人狮等来拯救世界。

湿婆是属性最复杂的神。她既是毁灭者又是再生者，既有慈悲心又有复仇心。据说湿婆还是印度舞的始祖，会跳108种舞呢。

▲湿婆

佛祖释迦牟尼佛»

公元前565年，迦毗罗卫国有一位王子，他厌倦了安逸富足的生活，想不明白为什么人世间有那么多的烦恼——生、老、病、死、富裕与贫穷，于是在29岁的时候他离开王宫，云游四方寻求人生解脱之道。

▲释迦牟尼

他就是乔达摩·悉达多。

之后的几年里，他向最有名望的精神导师学习瑜伽，刻苦修炼。在35岁的一天，他坐在菩提树下苦思冥想顿悟了生与死的最高真理。后来很多人开始围在他的周围听他传道，并称他为“佛陀”（意思是“大觉者”）和“释迦牟尼”（意思是“释迦族的圣人”）

▲释迦牟尼刚出生

笈多王朝的伟大成就 »

公元4世纪，印度处于强盛的笈多王朝统治时期。在这一时期，古老的印度文化就像满园的草木遇到了春风，一时百花齐放——宗教、哲学、艺术、戏剧、诗歌、天文、数学等方面都出现了繁荣的局面。这一时期被历史学家们称为印度的“黄金时代”。

其中，在文学方面，出现了《摩诃婆罗多》与《罗摩衍那》两部伟大的史诗。《摩诃婆罗多》的意思是“伟大的婆罗多族”，它叙述了印度这个民族的两支后裔部落之间的大战，同时也描述了北印度许多部落、城市的兴衰情况。而《罗摩衍那》的意思是“罗摩的漫游”，叙述了英雄罗摩传奇的一生，反映了雅利安人从中亚来到印度的历史。

在天文学方面，这一时期的印度伟大的天文学家阿耶波多已经认识到地球在自转，明白了月食的秘密，曾算出圆周率 π 的值是3.1416。

▲笈多王朝时期建筑遗存

▲《罗摩衍那》情节壁画

智慧灯

阿拉伯数字是谁发明的?

你知道吗，我们今天用的阿拉伯数字不是阿拉伯人发明的，而是印度人发明的！你很奇怪吧？那为什么这些数字不叫做印度数字呢？因为那时，交通很不发达，印度人发明了数字以后被善于航海的阿拉伯人传播到了世界各地，于是习惯上人们就把这些数字称为阿拉伯数字了。

印度教与圣城瓦拉纳西 »

◀恒河沿岸

印度教是在古代印度长期的发展中，婆罗门教与佛教及其他宗教融合形成的新宗教，与婆罗门教一样，印度教也信仰三大主神——梵天、毗湿奴、湿婆。

印度教认为人们如果在今世能够安分守己，来世就可以成为高级种姓，现在其所以是低级种姓是因为在前世违反了安分守己的准则。这样的教义自然受到了统治者的欢迎，印度教因此得以迅速壮大。在所有印度教徒心中，恒河是圣河，在圣河的边上有一座圣城，名叫瓦拉纳西。许多印度教徒一生的愿望就是到恒河洗一次澡，到瓦拉纳西朝一次圣。他们认为恒河水可以洗去一生的罪恶，在瓦拉纳西死去可以直达天国。所以在瓦拉纳西，你每天都能看到成千上万的印度教信徒带着最虔诚的表情集体在恒河中洗浴的景象。

智慧灯

为什么恒河是印度教的圣河

据说古时候恒河水经常泛滥成灾，残害生灵。有一个国王为了天下苍生，向上天的湿婆祈求帮助。湿婆答应了国王的请求就来到喜马拉雅山下，散开头发，让汹涌的河水从自己的头上流过，于是河水就温柔了起来。从此恒河成了养育印度人的母亲河，在印度教徒眼里更是圣河。

▼恒河

泰姬陵 »

泰姬陵位于印度北部阿格拉市，是古代印度国王沙贾汗为王妃蒙泰姬修建的。他花费了22年的时间才修建成这座古代印度最华丽的建筑。如今泰姬陵被称为世界七大奇迹之一。

泰姬陵建于一座高7米的大理石四方平台上。它每边长57米，高约67米，分为上下两层，由白色大理石筑成，四个角上各有一座41米高的三层白色尖塔——拜塔。寝宫四周各有一座三角形拱门，寝宫之上有直径18米的圆顶，顶端有一座金色小尖塔。圆顶四角各有一座圆形凉亭，与中央大圆顶呼应，犹如众星拱月。陵墓四处都镶嵌着各色宝石，光彩夺目。

智慧灯

沙贾汗与泰姬的爱情

据说蒙泰姬不仅是一位风华绝代的美丽王后，还非常地聪明贤惠，经常协助沙贾汗处理政务。可在结婚19年后，蒙泰姬离开了人世。为此，沙贾汗悲痛欲绝，一夜之间白了头发。为了纪念蒙泰姬，他动用两万工匠不计花费地用了22年时间修成了泰姬陵。

▼泰姬陵

称霸地中海——腓尼基-迦太基

腓尼基是地中海东岸一系列小城邦的总称。腓尼基人早在公元前1000年就称霸地中海，他们是地中海地区当时最重要的商人、贸易者和殖民者。公元前9世纪末，腓尼基人在北非建立了殖民城。迦太基因地利之便，以后几个世纪里超越母邦腓尼基，成为地中海一个比较强大的国家——腓尼基-迦太基王国。

告诉你

腓尼基—迦太基濒临地中海，商业贸易和航海业发达，是地中海沿岸的一个国家。但其有利的地理位置和海上霸主地位被其他国家所嫉妒，因此它与邻国战争不断，并最终毁灭于战火之中。

腓尼基人 腓尼基是希腊人对生活在地中海东海岸今天叙利亚境内，身着鲜亮紫红色衣服而不褪色的居民的称呼，意思为“紫红色的人”。当时的埃及人、巴比伦人以及希腊人都喜欢穿紫红色的袍子，但他们的袍子总是很容易掉颜色，而令他们惊叹的是生活在地中海东海岸的腓尼基人的紫红色衣服即使穿破了也不会掉色，于是就把他们叫做腓尼基人。

▼地中海海岸

西方文字之母——腓尼基字母

也许你知道西亚的楔形文字和埃及的象形文字，但你知道世界上最早的字母文字是什么吗？没错，是腓尼基字母，没想到吧。这个如今并不怎么被人们提起的民族却发明了文字，西方各国的拼音字母几乎都来源于腓尼基文字。因为是字母文字，因此腓尼基文字并不像楔形文字或象形文字那样难懂。

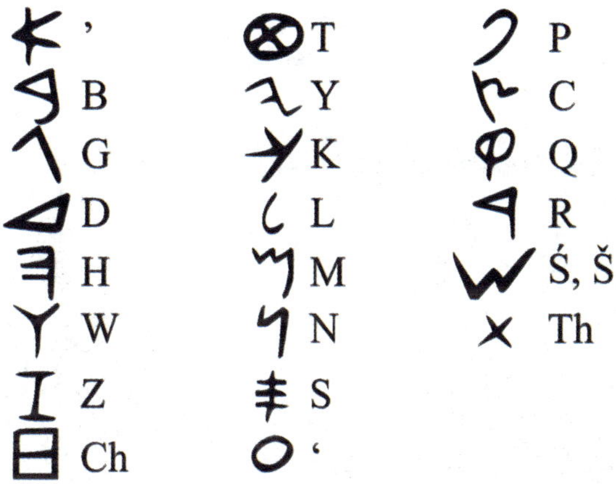

▲腓尼基字母与英文字母对照表

智慧灯

腓尼基字母文字的诞生

在发明腓尼基字母之前，腓尼基人一直使用楔形文字，但经常去各地做买卖的腓尼基商人们在记账时嫌楔形文字繁琐，于是，一种以埃及字母为基础，用22个辅音字母表示的文字便应运而生，这种更为简便的文字大大节省了腓尼基商人的时间。

用幼儿做祭品 » 许多民族都有自己独特的祭神方式，然而腓尼基人的祭神方式尤其特别。腓尼基人信奉各种各样大大小小的神，一旦他们身边发生了什么天灾人祸，他们就会以幼儿的肉身来祭神，以求神的庇佑。他们会将神像摆在一座高台上，台下燃起熊熊的烈火，仪式开始后祭司一边祈祷着，一边将幼儿放到神像斜着的两臂上，让幼儿自然滚落到台下的大火中。这时幼儿可怜的母亲只能眼睁睁看着自己的孩子被大火活活地烧死却不敢哭喊，因为在他们看来，只有微笑或沉默才算对神灵表示敬畏。

▼腓尼基人

◎地中海商人 »

腓尼基人所建的迦太基城是地中海的交通枢纽，因此经商是生活在这里的腓尼基人最好的谋生手段，腓尼基人确实也把迦太基建成为地中海沿岸贸

▲腓尼基航船

易的中转站，从中大获其利。他们从两河流域等地运来手工制品和农产品，再转运到地中海各地。在鼎盛时期，腓尼基人还在西班牙、意大利和希腊等欧洲国家地中海沿岸，建有堡垒性质的商站，以便进行货物中转。那时腓尼基人无疑是地中海有名的商人。

好佩服这些能够在大海的怀抱中谋求生存的人，有机会一定去体验一下。

在“布匿战争”中消亡

腓尼基人在地中海地区翻云覆雨，权大势大，这引起了罗马人的不满，他们决定跟迦太基人一争高下。当时罗马人把迦太基人称为“布匿”，因此他们与腓尼基人之间的战争就被叫做“布匿战争”。第一次“布匿战争”后，腓尼基人凭借富有的财产与罗马人进行了和谈，但罗马人哪里肯放过腓尼基人，他们又发动了两次战争。“布匿战争”最终将腓尼基人所建立的腓尼基-迦太基王国消灭。

▼布匿战争

▲腓尼基人塑像

神秘古国在非洲

在非洲这片被认为是人类发源地的土地上，曾经出现过许多古老的文明，然而你知道是什么原因使它们在历史的长河中消失了呢？你知道金字塔是由谁建造的吗？法老墓杀人之谜是真的吗？现在，让我们一起穿越时空隧道，回到几千年的非洲，一起领略一下非洲那些古国的风采吧！

四大文明古国之一——古埃及

作为四大文明古国之一——古埃及身上一直笼罩着一层神秘的光环。如构造奇特的金字塔是如何被建造的？狮身人面像意味着什么？法老们死后为什么被做成木乃伊？……古埃及留给我们太多的未解之谜。让我们一起沿着历史的车轮去采撷古埃及的一块块“金砖”吧！

▼金字塔（一）

考考你

1799年，拿破仑带领大军开进了埃及，并在罗塞塔附近发现了著名的“罗塞塔石碑”，从此掀起了人们对古埃及文明探索的热潮。

神伟的金字塔 »

经历了5000年的风雨，埃及至今仍有60余座金字塔矗立在开罗周围的荒漠中。这些金字塔像一个个力大无比的巨人，闪烁着耀眼的光芒俯瞰人间。人们无法想象古埃及人是如何凭借简陋的设施和简单的技术建造出这些举世罕见的建筑的。

▼金字塔（二）

金字塔是如何被建造的 »

金字塔（三）

到底金字塔是如何被建造出来的呢？小博士知道有两种说法。

第一种说法：金字塔是古埃及的奴隶通过辛苦劳动创造的，并且他们是自愿参加，不是被强迫的。勤劳淳朴的奴隶们每天从“阿拉伯山”拉来巨石，再借助滚木把巨石一块块堆砌成塔。

第二种说法：金字塔是外星人建造的。金字塔是外星人来地球旅游时给地球人留下的礼物。

▼金字塔（四）

人与兽的化身——狮身人面像»

▲狮身人面像

你见过又像狮子又像人的建筑吗？坐落于胡夫金字塔南面的狮身人面像就是如此。这是一座具有狮身及胡夫法老面容的巨大石像。远远望去，狮身挺拔威武，蹲在胡夫法老的陵墓旁。由于它状如希腊和埃及神话中的人面怪物斯芬克斯，因此它被西方人称呼为“斯芬克斯”。

智慧灯

斯芬克斯

相传斯芬克斯是埃及远古时代的一头妖怪，它生性残忍，喜欢吃人。它常常守在路口，让行人猜它提出的问题，如果猜不出就会被它残忍地吃掉。有一个问题很长时间没有人回答出来，这个问题是“有一种生物，早晨用4只脚走路，中午用两只脚走路，晚上用3只脚走路。它脚最多的时候，是它力量最弱的时候；脚最少的时候，是它力量最强的时候”。一次国王的儿子也因为没回答出来这个问题而被它吃掉了。于是国王下令谁能回答出这个问题就让位于他。最后，一个勇敢的青年找到斯芬克斯，说问题的答案是“人”。斯芬克斯听后顿时面色发紫，从山崖上跳下摔死了。国王知道后乐坏了，便命工匠在斯芬克斯出没的地方，用山石雕出了斯芬克斯的形象以警示人们。

▼远看狮身人面像与金字塔

灵魂永驻的木乃伊 »

古埃及人相信人生有轮回，相信只要人的肉体保存好了，灵魂就能得到永生，因而他们不论生前贫富贵贱，死后都被制成木乃伊。木乃伊也即人工干尸，是指干枯而不腐烂的尸体。在埃及发现最多的制作是，先将死者脑髓取出，并放进去一些药料对脑子进行清洗，然后剖开死者腹部，取出五脏六腑并清洗腹部，将椰子酒和香料放入腹部，将腹部缝起来。一切做完，将尸体放入碱粉里，并在40天后取出清洗干净，用绷带将其包裹起来，外层涂上树胶，这样一个木乃伊就算做好了。

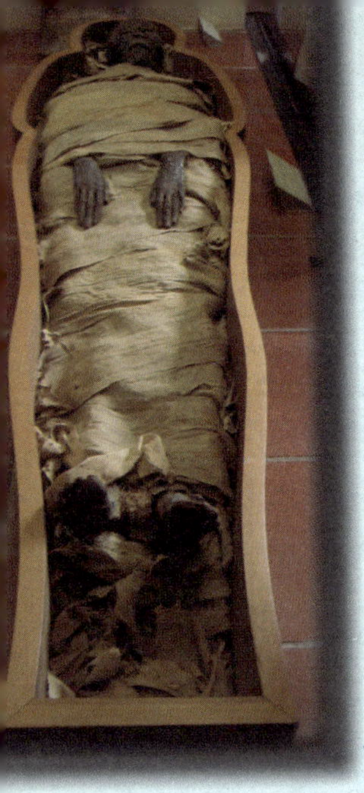

布乃伊（一）

布乃伊（二）

法老的诅咒之谜 »

“谁扰乱了法老的安眠，死神将张开翅膀降临到他的头上”，这句刻在法老图坦卡蒙墓中的话就是著名的法老的诅咒。相传，无论谁只要进入法老的墓室里，就会因受到诅咒而死亡。难道沉睡千年的法老真的灵魂不死，会用诅咒惩罚那些打扰他的人吗？的确太难以置信了！对此，一些专家提出了相反的看法，认为根本不是咒语起的作用，而是墓中有毒气或病毒，是毒气或病毒导致了进入墓室中的人的死亡。然而这也只是推测而已。

图坦长蒙

古埃及飞机之谜 »

考古学家在埃及的一些浮雕上，发现了一些类似飞机的图案和模型，这些图案和模型与现代飞机极为相似。这些图案和模型代表什么呢？是古埃及人的玩具还是他们的“飞机”呢？这又成为了一个未解之谜，人们只能慢慢去寻找答案了。

▼古埃及类似飞机的模型

倾国倾城的埃及艳后》

克娄巴特拉七世是埃及的最后一位女王，她美貌绝伦，倾国倾城，被人称为“埃及艳后”，而且有着传奇而富有戏剧性的一生。有好几位罗马统帅曾拜倒在她的石榴裙下，她因美丽使罗马和埃及之间避免了战争的发生，为埃及带来了二十多年的和平。

埃及艳后

埃及艳后和凯撒会面场景

非洲文化中心——阿克苏姆

公元1世纪，非洲的中心是哪儿？什么人管辖着红海的海上交通？等等。这些问题就像一条魔法彩带，牵引出一连串长长的谜团，最终伸向“阿克苏姆”这个古老王国。今天，让我们挥动魔法彩带，去探寻阿克苏姆曾经的辉煌吧！

非洲的又一个文明国家

公元1世纪后，成为独立国家的阿克苏姆凭借有利的自然和地理条件，迅速成为非洲的重要国家。

特别是到了公元3世纪，国王埃扎纳继位后，他率军先后征服了埃塞俄比亚高原、麦罗埃和南阿拉伯，还与罗马皇帝君士坦丁缔结了同盟条约。这时的阿克苏姆国力极盛一时，国王埃扎纳成为名副其实的“众王之王”。

公元4到6世纪，阿克苏姆进入了鼎盛期。对外贸易活跃，建筑、雕刻等文化艺术得到全面繁荣，一时成为非洲重要的经济、政治和文化中心之一。

告诉你

阿克苏姆出现在公元1世纪左右，位于埃塞俄比亚北部和厄立特里亚西部地区。阿克苏姆是一个经济政治文化全面发展的国家，对外贸易发达。阿克苏姆的都城阿克苏姆城一度被称为埃塞俄比亚的“基石”“城市之母”和“古代文明的摇篮”。

▲阿克苏姆城遗址

▲阿克苏姆雕像

对外贸易活跃

因为濒临红海，控制着曼德海峡，阿克苏姆对外贸易极其活跃，在东西方的贸易中扮演着重要角色。产自阿克苏姆的黄金、象牙、香料和犀角等，被商人运往世界各地；产自意大利、波斯、埃及、拜占庭帝国和印度等国的棉布、铁器、酒和装饰品等，又被商人源源不断地运入阿克苏姆。

▲日出时的红海

▼阿克苏姆文明旧址

农业和畜牧业发达

埃塞俄比亚农田

阿克苏姆不仅对外商业贸易活跃，农业和畜牧业也很发达。在生产力不发达的古代，阿克苏姆的历代统治者深知农业和畜牧业的重要性，因此都非常重视农业和畜牧业的发展。在农业方面，大兴水利建设，或在山间开辟梯田，引山上溪水进行灌溉，或者在平原因地制宜围堤筑坝，进而挖渠灌溉农田。在畜牧业方面，阿克苏姆王室专门设置“掌牧官”予以管辖。根据阿克苏姆时期的铭文记载，埃扎纳国王在奖励贝贾四个部落时，一次就赐给他们2.5万头牛，由此可见埃扎纳国王当时拥有畜群的数量之大。

▼在放牧的埃塞俄比亚女孩

最后的消亡》

阿克苏姆在非洲的崛起，引来了周围一些部落的嫉妒，开始不停地对阿克苏姆进行骚扰，加上阿克苏姆王室斗争不断，6世纪中叶后，阿克苏姆开始走向衰落。7世纪初，阿拉伯帝国兴起，垄断从印度到地中海的商路，这加速了阿克苏姆的衰落。

▲阿克苏姆文明遗址（一）

9世纪，阿克苏姆主要的贸易港口阿都利斯很不幸地被黄沙淹没，阿克苏姆已经没有多少人记起。11世纪，阿克苏姆最终被犹太女王埃塞特所灭，阿克苏姆从此不复存在。

▼阿克苏姆文明遗址（二）

阿克苏姆城遗址»

阿克苏姆虽然消亡了，但都城阿克苏姆城遗址似乎向我们无言地诉说这个古老国度昔日的辉煌。

在阿克苏姆城遗址，众多的寺院、雕刻和碑文成为其重要的特色。其中最引人注目的要算方尖石碑和石柱了。它们是3世纪阿卜拉哈·阿巴巴国王时代的遗存，为纪念早期一些阿克苏姆的国王而建立。石塔和石柱大部分用整块岩石雕刻而成，在当今世界可谓独一无二。据说，当时最大的石塔约33米高，可惜如今已经倒塌。

方尖碑

▼倒塌的方尖碑

智慧灯

阿克苏姆方尖碑

高24米、重200吨，石质为花岗岩，据称已有1700年历史，是埃塞俄比亚文明的象征。1937年，被意大利法西斯独裁者墨索里尼运到意大利，并竖立在罗马城内。1947年，意大利向联合国承诺将阿克苏姆方尖碑归还给埃塞俄比亚。可惜的是在意大利矗立70年的阿克苏姆方尖碑如今已断成几截。

失落的黄金王国——努比亚

在古代的非洲，有一个深受古埃及影响的出产黄金的黑人国家——努比亚，它像黄金一样在非洲历史上闪烁着耀眼的光辉，农业、手工业、对外贸易都很发达，精美的手工艺品更是令人称奇。这个黄金古国是如何发迹的？它与古埃及到底有着怎样的联系呢？我们赶紧去揭晓答案吧！

努比亚与埃及

努比亚文明是非洲最古老的文明之一，努比亚在大约公元前3000年开始出现在古埃及的记录中。

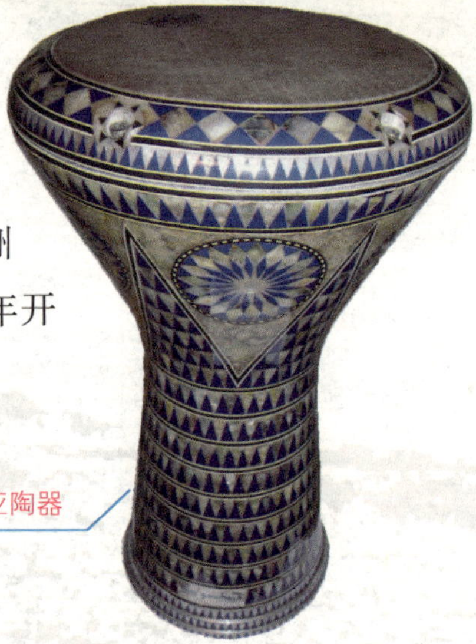

努比亚陶器

▼努比亚人

那时的努比亚意指埃及整个南部区域。可以说远古努比亚为现代埃及的一部分，一直受埃及人的管辖。但在公前7世纪，趁埃及国内骚乱，努比亚国王率军曾一度统一埃及，建立了埃及的第二十五王朝，即“努比亚王朝”。直到公元前663年，随着亚述人入侵埃及，努比亚王朝宣告结束，努比亚的国王又逃回了南方。公元1至3世纪，努比亚达到极盛，其首都麦罗埃成为非洲最大的冶铁中心，也是东部非洲的贸易中心，与埃及、乍得、阿克苏姆等都有商贸往来。

告诉你

努比亚，是第一个黑人国家。它的地理位置很特殊，一边是尼罗河和撒哈拉沙漠，一边是红海，这个奇特的努比亚王国被人们称为古埃及文化的源泉。也许正因为古埃及光芒太过耀眼，在很长一段时间内努比亚一直存在于人们的视野之外。

努比亚与古埃及可是有血缘关系的啊，那它们一定有很多相似之处喽~我得好好研究研究！

无法破解的麦罗埃文

努比亚人拥有自己的文字——麦罗埃文。麦罗埃是努比亚的首都，努比亚王国将首都迁移至麦罗埃后创立了麦罗埃文字。但令语言学家头疼的是，无论他们使用什么方法，查阅什么史料都无法将麦罗埃文字破解。至今语言学家只看懂了23个麦罗埃文字的字母符号，对于麦罗埃语言的语法和词汇，语言学家一直“无计可施”。

墙壁上令人难懂的麦罗埃文

博尔戈尔

博尔戈尔山是屹立在沙漠中的一座异常陡峭的孤山，努比亚人把它当做圣山，认为它是掌管太阳、造物和王权的阿蒙神的住所，因此，努比亚人曾在这里进行过不少祭祀神灵的活动。如今人们在圣山博尔戈尔周围发现许多金字塔、神庙、王宫等建筑，这些都是努比亚文明留下的印记。而这众多的建筑无一不是面向着博尔戈尔山建造的，这大概是虔诚的努比亚人想让住着神灵的圣山保佑他们永世安宁吧！

▼博尔戈尔山风景

努比亚文明消逝之谜 »

努比亚盛产黄金，黄金开采业是努比亚的一个很重要的行业，然而，是什么因素导致这样一个盛产黄金和各种矿藏的富裕国度衰落了呢？原来，在努比亚王国的后期，一方面国内战乱不断，另一方面外敌不断入侵，在这种内忧外患的境况下，努比亚逐渐衰落了。

努比亚雕塑

智慧灯

如今的圣山博尔戈尔原来的样子

经过漫长的历史，博尔戈尔山已被风沙侵蚀得不成样子，那么当年的博尔戈尔是什么样呢？据推测，博尔戈尔山从正面看像是一条昂首观望的眼镜蛇，它头戴一顶王冠，傲视群山，威武气派。而努比亚王权的象征恰恰就是一条眼镜蛇，因此努比亚人对博尔戈尔山俯首的原因很可能是他们把博尔戈尔山看成是王权的象征。

我听说在博尔戈尔山的山顶上也建有许多神庙和纪念碑，真不知道努比亚人是用什么方法在如此高的山顶上建造的，太神奇了！

努比亚雕刻画

又是战争惹的祸，我强烈呼吁大家一同反对战争！

神秘古国在欧洲

你听说过不肯结婚就被视为犯法的国家吗？你知道奥运会发源于哪个国家吗？你知道角斗士是怎么回事吗？你知道……欧洲古国的故事就像蒙娜丽莎的微笑一样神秘，走近它们，细细咀嚼发生在这些古国的神奇的故事吧！

横跨亚非欧的庞大帝国——罗马帝国

在中国的古书里，罗马帝国被称为大秦。罗马帝国疆域广阔，全盛时期控制着大约590万平方千米的土地，是世界上著名的古代大帝国之一，是古罗马文明的一个阶段。

告诉你

罗马帝国是一个横跨亚非欧三洲的庞大帝国，但后来却分裂为东西两部分。西罗马帝国亡于476年，东罗马帝国（即拜占庭帝国）则在1453年为奥斯曼帝国所灭。

横跨亚非欧的罗马大帝国是不是比元朝时期的中国还要大啊？去看看吧！

我听说过狼孩儿的故事，听说狼孩不具备与他人沟通的能力了，看来母狼的传说也只能是个神话了。

浮雕

▲母狼哺婴像

母狼传说——揭秘罗马城起源之谜

在罗马城矗立着一座奇特的雕像，一只母狼警觉地站立着，它的肚子下面有两个婴儿在啜饮着它的奶水。传说，其中一个婴儿即为罗马城的建立者。相传罗马城的建立者在婴儿时父母被杀后被敌人遗弃在河边，他饥饿的哭声引来了一只母狼，令人惊叹的是这只母狼母性大发，不仅没有伤害他，反而将他的身体舔干净，并用自己的奶水喂养他。后来，婴儿被牧羊人抱养，长大报了父仇后建立了罗马城。

勇猛的角斗士

古罗马的统治者们最钟爱的娱乐活动是观看角斗士表演。那时角斗士表演的方式主要有两种：一种是奴隶与奴隶角斗，即两个奴隶互相残杀直到其中一个被杀死；另一种是奴隶与猛兽角斗，直到奴隶被猛兽吃掉或者奴隶战胜猛兽为止。为了赢得生存，角斗士们不得不使出浑身解数与对方进行搏斗。每当有人倒下或被猛兽吃掉时，看客们都兴奋异常，拍手叫好。为了方便看角斗表演，奴隶主们还专门饲养狮子、老虎等猛兽，且在角斗前让它们处于饥饿状态，据说这样角斗场面会更激烈了。奴隶主们真可谓残忍至极！

▼电影《角斗士》画面

巾帼不让须眉的罗马女角斗士 »

中国古代有花木兰替父从军的佳话，作为一名女子能有如此豪气实在令人赞叹，然而在古罗马的角斗场上却有无数英勇善战的“花木兰”，她们戴着钢盔，手持刀剑，从事着罗马最特殊的行业——女角斗士。不管是女奴隶还是贵族都可以加入女角斗士的行列，在罗马人眼里，女奴能够成为女角斗士是“复仇女神”的恩惠，而“复仇女神”能够改变人的命运，因此很多女奴义无反顾地将自己的命运托付给了“复仇女神”。

▲角斗士所用剑

“永远不倒”的古罗马圆形竞技场 »

世界上有永远都不倒的建筑吗？古罗马人认为自己的圆形竞技场（也叫科洛塞穆竞技场）就可以做到。

古罗马圆形竞技场工程巨大，用了10万立方米石材和300吨铁条，占地2万平方米，可容纳近9万名观众，竞技场可进行斗兽、赛马、歌舞等表演。因此这座建筑在古代被称为“最为宏伟的高超建筑”。同时在罗马人看来，无论从哪个方面来看，罗马圆形竞技场将永远不会倒塌。

▲古罗马圆形竞技场一角

▼古罗马圆形竞技场

智慧灯

科洛塞穆竞技场“倒”过吗

科洛塞穆竞技场建成于公元80年，然而“永不倒”的神话在几百年后就被打破了。公元3世纪和5世纪，竞技场曾先后遭遇过雷击和地震的破坏，竞技场中的雕像也被偷盗，因此竞技场受到了很严重的破坏。

沐浴之风的兴起

在罗马共和国时期，罗马上流社会中忽然兴起一股沐浴之风，人们用国家和个人捐助的钱大修大建富丽堂皇的公共澡堂。这些公共澡堂往往规模宏大，装饰华丽奢侈，但收费很低，富翁和穷人都可以进去沐浴。令人更不可思议的事情是，允许男女共浴，即互不相识的男男女女可以赤身裸体在澡堂面对面，真是令人咋舌啊！由此澡堂秩序变得异常混乱，且丑事频出。渐渐地，公共澡堂成为了腐化生活的代名词，攀比、夸耀、堕落成为其主旋律。

▲罗马浴池

罗马人与高卢人的战争 »

罗马有个奇怪的风俗，每年在一个特定的日子里，罗马人都要抬着一只大白鹅和一条被钉死在十字架上的狗在街道上游行。这么奇怪的风俗因何而来呢？原来，它源于古罗马与高卢人的一场战争。当时的高卢人比罗马人还要厉害，他们将罗马人打得落花流水，罗马人无奈被逼上了山丘。高卢人在一天夜里还试图偷袭这座山丘。当夜，不仅罗马人的守卫士兵睡着了，就连看家狗也一声不响，在情况万分危急之下，一只大白鹅“嘎嘎”地叫着发出了警告，被惊醒的士兵及时冲上前去将高卢人赶下了山丘。后来，由于高卢军队染上了瘟疫，战争以和谈结束，但那场突袭战的胜利是罗马城能够保住的重要因素，因此，罗马人便开始纪念白鹅，而将失职的狗钉在了十字架上。

智慧灯

高卢人

高卢人住在今天法国的南部和比利时一带，他们体格健硕，战斗力非常强。他们视战争为庄严的事情。他们使用长剑、匕首和梭标作为武器，作战时英勇无比，即使受伤也不离战场，可谓英雄无比。

▼高卢与罗马人战斗中

为战争而生——斯巴达

斯巴达是古希腊最著名的城邦之一，以独裁统治和军国主义而闻名于世。在伯罗奔尼撒战争中，斯巴达和其同盟者一举战胜了雅典，称霸整个希腊。

告诉你·······

▲斯巴达遗址

“斯巴达”的意思是“可以耕种的平原”。由此可见，当时的斯巴达一定土地平坦肥沃，适合耕种，这也是保证斯巴达有充足人口作为战士的保证。斯巴达人在南下征服拉科尼亚后，将原有居民变成了自己的奴隶，取名为“希洛特”。他们肆意虐待奴隶们，并逼迫他们上战场卖命。到公元前8世纪末，斯巴达人已建立起了具有一定规模的斯巴达城邦，开始了南征北战之路。

为战争而生 »

斯巴达人喜欢战争，也许是他们认为只有战争才能解决问题吧。他们很重视对孩子们进行军事思想教育，对于合格士兵的选拔严格。

▲斯巴达人在战争中

婴儿们一生下来就要被送到长老那里接受检查，只有长老认为健康的孩子才能继续生存，否则就会被抛到荒郊野外。更残忍的是，一般孩子的母亲会用烈酒给婴儿洗澡，如果孩子抽风或失去知觉，就证明他体质不好，就会不管不问任他死去。

必须结婚 >>

在斯巴达，不肯结婚的人会被判刑，这大概是由战争所造成的，也许没有战争，不需要士兵，斯巴达人结婚不结婚也就没人管了。

▼斯巴达城遗址

以劳动为耻>>

斯巴达人认为劳动是可耻的，法律明确规定斯巴达人不允许耕种土地。你是不是觉得奇怪，那他们靠什么生存呢？很简单，依靠奴隶“希洛特”。每个成年斯巴达男子都拥有土地，交由他的“希洛特”耕种，而他们自己则从来不知耕种是怎么回事。

▲斯巴达人依靠战争生存

智慧灯

“希洛特”的悲惨命运

“希洛特”作为斯巴达人的奴隶，可谓命运悲惨。他们不仅要参加战争，还要耕种土地，从事繁重的劳动。“希洛特”常年被斯巴达人鞭打迫害，即使他们没有过错，每年也要被鞭笞一次，斯巴达人这样做的目的只是要“希洛特”记住自己是奴隶。过节时，斯巴达人会用烈酒将“希洛特”灌醉，然后进行公然侮辱和殴打。为了反抗斯巴达人的暴行，“希洛特”曾发动过很多次武装起义，给斯巴达人以重大打击。

勇敢的妇女»

斯巴达的女孩子长到7岁时，还没有到学校上学，也不是在家里学做家务、做针线活，而是从事体育锻炼，天天练习跑步、掷铁饼、搏斗等项目。斯巴达人认为只有身体强健，妇女才能生下健康强壮的孩子。这里的妇女非常勇敢，她们鼓励儿子上战场，鼓励孩子勇敢地参加战斗。

▲斯巴达女子的画像

不爱艺术的民族 >>

斯巴达人轻视文化教育，这里的青少年很少学习文化知识，他们的交际语言非常简单，孩子从小就沉默寡言。斯巴达人一味地崇尚武力，对于音乐、绘画、文学、建筑等没有制作出一件精致的艺术品留传于后世。这个宣扬武力的国家，长期侵犯其他国家，终于遭到其他民族的反抗，公元前4世纪后，走向了衰亡。

▲崇尚武力的斯巴达人

西方历史的源流——雅典

雅典，和斯巴达一样也是古希腊最大的城邦之一，是伟大思想家柏拉图的诞生地，更是西方文明的发源地之一。

▲人物雕塑

告诉你

也许是雅典民主之光的召唤，古代和现代的第一届奥运会都是在雅典举办的。这个以文明著称的国度虽曾遭到波斯人的侵扰，但勇敢的雅典人成功地抵挡住了波斯人的几次入侵。

雅典与奥运会的“缘分”»

也许是雅典受到了上帝的青睐，古代和现代的第一届奥运会都是在雅典举办的。相比较而言，还是现代奥运会更好看，那咱们就谈谈第一届现代奥运会吧。第一届现代奥运会在1896年4月6日到4月15日在雅典举办，发起人是法国的一个名叫顾拜旦的贵族，当时，作为东道主的希腊阵容最强大，有230人参加，约占参赛总数的2/3。自此，雅典身上又多了一层光环，那就是与奥运会的“不解之缘”。

▲顾拜旦

法国著名教育家、国际现代奥林匹克运动的发起人，被国际上誉为“奥林匹克之父”。

掷铁饼者雕塑

▲拉斐尔油画《雅典学院》

雅典的民主政治 »

在春秋战国时期的中国，各个诸侯国实行的都是残酷的君主专制，而在当时的雅典，早已升起了民主的曙光。那时在雅典，城邦的所有公民都有权利参加选举，都有权利发表演说，充分表达自己的想法。

独特的陶片放逐法 »

在古代雅典，有一种奇特的选举淘汰方法叫陶片放逐法。每一个陶片代表一位政治家，人们将陶片放入一个罐子中，以此选出最受欢迎的政治家，然后将他放逐，让他远离雅典。你一定觉得奇怪，最受欢迎的反而被放逐了呢！是的，因为雅典人崇尚民主，他们怕最受欢迎的政治家会搞专制，因此不惜将他放逐。

▲雅典时期陶器

▲陶片

马拉松之战 »

希波战争是希腊战争史上最有名的战争，在这场持久的战争中，雅典一直都是主战国。这天，在雅典城外的马拉松平原上要进行一次决战。波斯人的数量远远超过了雅典人，但雅典人坚持奋战终于赢得了胜利。信使十分激动，他不顾劳累，一刻不停地跑了40千米回到雅典城，当他微笑着告诉大家战争胜利的消息后便永远地倒下了。这名信使虽然不是战死在战场上而是累死在送信的终点，同样被雅典人视为英雄。后来，人们为了纪念他，开展了一项长跑运动，这就是长跑“马拉松”。

▲马拉松长跑运动即为纪念马拉松而设

原来马拉松来源于一场战争和一名信使的故事啊！

柏拉图和他的“理想国” »

雅典曾诞生了人类历史上最伟大的哲学家之一柏拉图。柏拉图出身于雅典贵族家庭，他曾云游四海，志向远大。他一直向往着能够建立一个“理想国”，这个国家文明先进，经济发达，政治民主，人们相亲相爱，生活无忧无虑。在他看来，社会上的每一个人无论男女都要发挥自己的作用，男女是平等的，而每一个人应该做自己的事而不去打扰别人。

柏拉图

这样的社会估计人人都会很向往。

古老的帕尔特农神庙》

帕尔特农神庙是雅典人敬仰女神雅典娜的神殿，是希腊全盛时期建筑和雕刻的代表作，也是人类文明的珍贵的佳作。帕尔特农神庙外形呈长方形，庙内有前殿、正殿和后殿。整个神庙占地有半个足球场那么大，用46根高达34英尺的大理石柱撑起了神庙。

▲雅典娜神像

罗马帝国的延续
——拜占庭帝国

一直到17世纪，“东罗马帝国”是西方历史学家对拜占庭帝国的正式称呼。“拜占庭帝国”这个词最先出现在德国一位历史学家的著作《历代拜占庭历史学家手稿》一书中，那是为了学术研究的需要。17世纪后，随着孟德斯鸠等人的运用，“拜占庭帝国”才被人们广泛接受。到底是怎么一回事呢？进入拜占庭帝国馆你就知道了。

告诉你

拜占庭帝国就是东罗马帝国。虽然拜占庭人说希腊语，文化中也有很多要素和希腊相通，但拜占庭人讨厌别人叫他们“希腊人”，觉得这是对他们的一种侮辱，因为“希腊人”代表“原始人”，因此他们将自己视为罗马人，并以此自居。

君士坦丁堡

强势大帝——查士丁尼一世

查士丁尼一世是拜占庭帝国很强势的一个君主。在他执政期间，拜占庭和波斯发生过无数次战争。不过虽然查士丁尼一世十分热衷战争，但在治国上他很有一套。在他的治理下，当时的拜占庭无论是在经济上还是文化上毫不逊色于其他国家。此外，查士丁尼一世还制定了法律，对军队进行改革，一心希望恢复往昔罗马帝国的辉煌。

查士丁尼一世（右五）

查士丁尼法典 »

查士丁尼在位期间最大的作为之一就是制定了《查士丁尼法典》，这部法典奠定了拜占庭帝国的法律基础，在稳定国家秩序方面的重要性不言而喻。《查士丁尼法典》还对其他国家产生了重要的影响，后世许多国家都模仿《查士丁尼法典》来制定法律。或许，我们国家的法律中就有《查士丁尼法典》的影子啊！

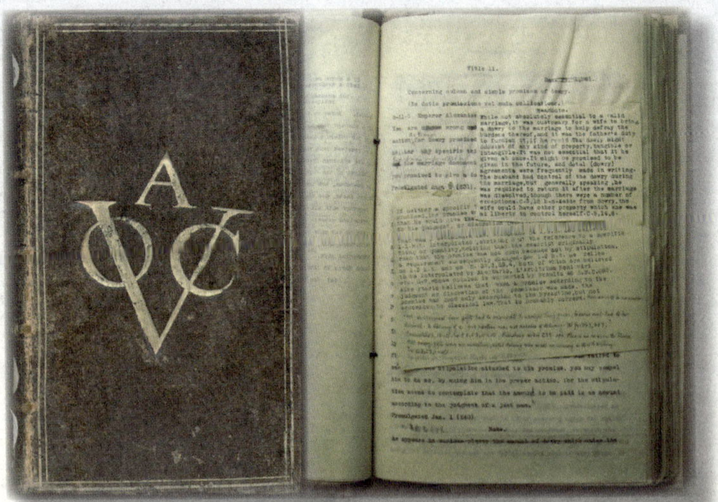

▲《查士丁尼法典》

十字军东征的威胁

▲十字军东征

十字军东征本是罗马教廷向欧洲国家发起的目的为夺回耶路撒冷的战争，可拜占庭怎么会遭受威胁了呢？这里面隐藏着一个小故事。当年，装备一新的十字军准备向战场进发，但在进发途中却无意间收留了一个流浪的拜占庭王子，这个不知趣的王子还要求十字军送他回君士坦丁堡，并承诺他的人民会欢迎他们并且会给他们一些装备和供给。这可是个天上掉馅饼的好事啊！于是，贪恋拜占庭黄金的十字军浩浩荡荡地开进了拜占庭。可是这个落魄的流亡王子回国后得到的却是人民的唾骂和攻击。攻击也危及了十字军，于是，十字军愤怒地与拜占庭军队开战了。很不幸，最后拜占庭被十字军打败了。

智慧灯

十字军东征

十字军东征是11到13世纪西欧的基督教国家以收复失地耶路撒冷为口号，相继发动的一系列远征扩张活动。而“十字军”名字的由来是因成员的衣服上缝有十字记号，故名为“十字军”。十字军东征历时将近200年，前后共进行了八次东征。最终，十字军东征以失败告终。

竟然还有这么荒唐的事情发生，真是惹人发笑。

◀十字军进入君士坦丁堡

君士坦丁堡的末日 >>

可怜的拜占庭还没有从十字军的阴影中走出来，奥斯曼土耳其人又来了。位于拜占庭东部的奥斯曼帝国崛起后就开始不断侵领拜占庭的领土，奥斯曼土耳其人用大炮打开一个又一个拜占庭帝国的重镇。1453年5月29日，在奥斯曼土耳其人大军的攻击下，拜占庭帝国的首都君士坦丁堡失守了，并且包括皇帝在内的全体战士全部阵亡。至此，标志着拜占庭帝国灭亡了。

▲奥斯曼土耳其人围攻君士坦丁堡

灿烂的文化

拜占庭帝国灭亡了，但是为后世留下了灿烂辉煌的文化艺术作品。在文学、音乐、美术等方面都留下了不朽之作。文学方面的小说、诗歌、散文佳作很多，杂记体裁的有著名的作品《基督教国家风土记》留传下来。拜占庭帝国在科技方面也做出了卓越的贡献。算术、几何、医学、天文学等方面都有很多的研究，影响了后世科学的发展。

▶拜占庭帝国时的艺术作品

伟大的艺术作品

▼拜占庭时期基督教教堂的辉煌装饰

神秘古国在美洲

美洲大陆上有着各种各样奇怪的植物和动物，也有不为人所了解的古老文明。如鼎盛时期人口超过1000万的印加，“预言之国”玛雅和用活人祭祀的阿兹特克等，一个个谜一样的国度都有着许多美丽的故事。

毁于天花的帝国
——阿兹特克

根据史料记载：阿兹特克文明开始于12世纪中期。13世纪阿兹特克人来到墨西哥盆地，并定居下来，从而创造了极度繁荣的阿兹特克文明。

告诉你

阿兹特克人一直过着游牧生活，这磨炼了他们的生存意志，由此阿兹特克人建立起了高度繁荣的强大帝国，并创造了令世人称奇的文明。然而阿兹特克人创立的这个帝国却在一场瘟疫后倒下了，并永远退出了历史舞台，不能不让人感到万分惋惜。

▲阿兹特克人的雕刻

用活人祭神

祭神是每个民族几乎都有的风俗习惯，但阿兹特克人的祭神方式充满血腥味，因为，他们用活人作为祭品。他们对神的崇拜好像远远超过了对生命的热爱，他们会将妇女的头颅献给掌管玉米生长和成熟的女神；他们会将孩子杀掉，用孩子的鲜血给神灵沐浴，以祈求下雨。

▲活人献祭

另一种形式的祭神

龙舌兰

阿兹特克人为了表达对神灵的敬畏，常常会自残。有一种带刺的植物叫龙舌兰，这是他们用来自残的工具。阿兹特克人用它刺破自己的身体，大多数时候是耳朵、舌头等，然后再将浸染了他们鲜血的龙舌兰插入草坪或放在树叶上以示祭神。这种自残的行为就像是一种习惯，已深入到了阿兹特克人的骨髓，由于他们对神灵的高度崇拜，他们在刺伤自己的时候似乎没有一点痛觉。

◀阿兹特克人陶制面具

千年前的“太阳之石”

阿兹特克有一块石盘叫做“太阳之石”。“太阳之石”成盘形，中心是一张人脸，伸着舌头，面目狰狞。人脸外围的四个方向分别代表美洲虎、飓风、大火和暴雨灭亡的4个时代。因为这块石头上刻有阿兹特克的历法，因此也被叫做“阿兹特克历石”。

“太阳之石”

看，太阳石圆圆的就像太阳。

“太阳之石”的预言

太阳之石只是块简单记载历法的石头吗？答案是否定的。人们发现，石盘上的各种图案和雕像都是对过去世界命运的讲述或对将来世界命运的预测。这块石头预测世界会经历5个时代，阿兹特克人目前所处的是最后一个时代。“太阳之石”准确地预测了阿兹特克的灭亡时间。

▲阿兹特克人过节日的情形

阿兹特克陶器

一块石头真的能够“看得见”历史吗？我可是从未听说哦~

阿兹特克的灭亡»

自从13世纪阿兹特克人来到墨西哥盆地定居后，一直过着安定的生活，并创造了灿烂的阿兹特克文明。然而这一切随着西班牙探险家科尔特斯的到来而改变。1519年4月，探险家科尔特斯经过长期准备，率领一支武装探险队开始正式进入阿兹特克。阿兹特克国王事先知道科尔特斯的这一行动，因此曾派人带去黄金和其他礼物，希望能阻止科尔特斯的行动，没想到他的做法反而激发了科尔特斯的贪欲。结果科尔特斯不但进入了阿兹特克都城特诺奇蒂特兰，还借口俘虏了阿兹特克的国王，大肆掠夺阿兹特克的金银财宝。

在以后的岁月里，得到甜头的西班牙侵略者科尔特斯多次率军攻打阿兹特克，并最终占领了阿兹特克的都城特诺奇蒂特兰。至此，在西班牙先进的枪炮和他们带来的瘟疫天花的双重夹击下，阿兹特克灭亡了。

▼阿兹特克遗存建筑

智慧灯

可怕的“天花”

天花在当时的世界上几乎是一种绝症，而且传染得极快，感染天花病毒的症状是持续高烧和剧烈疼痛，然后身体会大面积地起斑点，这些小小的斑点又会生出水泡、化脓或出麻子。

四方之地——印加

木乃伊只属于古埃及吗？你听说过印加的木乃伊吗？一个180人的“军队”能够征服8万人吗？古代也有开颅手术吗？……太多太多的不可思议让我们情不自禁地想走进这个四方之地——印加。

▲印加文明遗址（一）

告诉你

印加人信奉太阳神，传说印加人最初只有四兄弟四姐妹，他们八兄妹在一人带领下经过征战南北建立了印加帝国，并宣称他们是太阳神的后裔。

真实印加

▲印加文明遗址（二）

印加由八兄妹南征北战建立，当然只是个传说，只是印加人用传说的方式来说明印加帝国的出现。真实的印加帝国，是在10世纪后，由一个印第安人部落通过战争方式逐步统一美洲中安第斯山脉广大地区而建立的。

▲库斯科印加墙

建立印加帝国的印加人原来生活在的的喀喀湖，10世纪后他们开始一路北上，最后来到现今的库斯科，在瓦纳卡里山上定居下来。又经过不断的对外战争，从而建成了极盛一时的国家。印加帝国统治范围大致包括今天的厄瓜多尔山区、秘鲁山区部分、玻利维亚高原地区、半个智利和阿根廷西北部地区，面积非常广大。

智慧灯

库斯科

库斯科在秘鲁境内，曾经是印加帝国的都城，如今是秘鲁库斯科省的首府。历史上虽然遭到西班牙殖民者的疯狂洗劫，但仍然保留了印加帝国时期的古建筑。并且许多印加帝国时代的街道、宫殿、庙宇和房屋建筑至今仍保存完好。作为秘鲁著名的历史名城，每年吸引大量游客前来参观。

“美洲的罗马”

印加帝国和美洲其他政权一样，是典型的奴隶制国家。不过，相对于阿兹特克和玛雅来说，印加帝国的国家体系比较完备。印加王通过中央集权的政治制度，通过设置各级官员，牢牢控制着国内；通过建立完备的司法制度，巩固自己的政权；同时通过建立20万的常备军队，对外扩张，对内镇压反叛力量；等等。

有如此严密而完备的国家体系作保证，印加无论是在农业、手工业还是在文化艺术方面都取得了长足发展，呈现出前所未有的繁荣。如在建筑方面，以巨石建造的宫殿、庙宇和城墙，衔接处不用灰泥，却缝合得很好，片刀也难以插入。再如，印加人在金银首饰方面的技艺可以和欧洲文艺复兴时的水平相媲美。因此，印加帝国被欧洲人称为“美洲的罗马”。

▲印加人的庙宇

结绳记事

印加王国是青铜文化中唯一一个没有书面语言的国家，他们用结绳的方法来表达自己的思想。印加人“结绳记事”中的“绳子”叫做“葵布”，每个葵布长短不一，并且都有不同的颜色，长短代表数字，颜色代表具体的事物。葵布的打结方式则有很多，看起来就像计算机所应用的二进制，印加人小小的结绳中包含着无尽的秘密。

印加铜像

◀印加人葵布绳结

印加木乃伊

不错，印加人也喜欢将死者特别是有地位的人制成木乃伊。不过，与埃及人往往将木乃伊埋在金字塔深处，不同的是，印加人则将木乃伊放在干燥的山洞里或自己家里。因为在印加人看来，他们的国王或族长虽然死了，但被制成木乃伊后仍然能给他们指示，如能点化他们心中的疑惑，或能裁决人与人之间的争议，等等。因此木乃伊生前地位有多高，死后的神像就会有多高多精美。

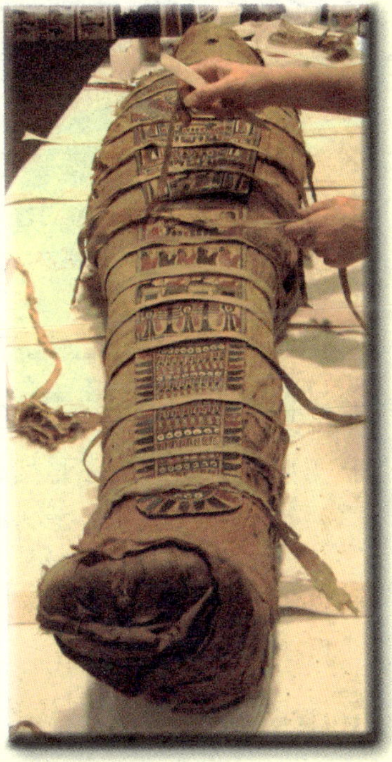
▲印加木乃伊（一）

▲印加木乃伊（二）

印加的木乃伊和古埃及的木乃伊有什么区别呢？我得好好查查资料了。

▶印加木乃伊（三）

被180个人征服 »

这简直就像是在做梦，一支由8万人组成的军队却输给了只有180人的侵略者。没错，这个故事发生在印加帝国。当时，180名西班牙殖民者在皮萨罗的带领下对印加帝国发起了进攻，这些殖民者是一个由112名步兵和68名骑兵组成的军团。

▲西班牙殖民者入侵印加

当时的印加帝国虽然强大，但他们还不知道驯化马来作为部队打仗的工具，因此在他们眼里，身披铠甲、骑着战马的侵略者简直就是神兵天降。战斗开始了，使用石头、青铜、弹弓等作为武器的印加人自然敌不过使用前膛枪的西班牙殖民者。战斗很快结束了，印加国王被擒，一个一度辉煌的帝国就此被毁灭。

▼印加帝国遗存

辉煌戛然而止——玛雅

与墨西哥的阿兹特克文明和秘鲁印加文明相比，公元前3世纪起开始走向繁荣的玛雅文明，似乎显得更辉煌。玛雅人凭借着民族智慧，不但建立起规模巨大、功能完备的城市，还创立了先进的天文历法等。但令人想不到的是，这样高度发达的文明，在10世纪时却开始走向了衰落，16世纪为西班牙殖民者所毁灭。

告诉你

玛雅人培育出了玉米、番茄、南瓜等农作物，建筑艺术和天文历法方面的成就也很突出，但随着16世纪西班牙殖民者的入侵，经历一场浩劫后，玛雅文明遭到了彻底破坏。

玛雅文明遗存建筑

精准的玛雅历法

玛雅人有自己的历法。玛雅历有三种：太阳历、金星历、卓尔金历。其中在太阳历中玛雅人将一年分为18个月，每个月有20天，加上5天禁忌日，共计365天，和地球围绕太阳公转一年的时间大致相等。

▶玛雅人的工艺品

▼玛雅《卓尔金历》

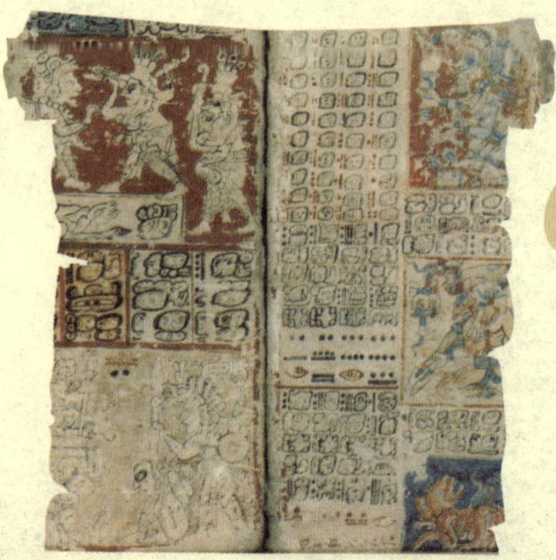

神秘的玛雅预言»

在玛雅人看来，宇宙是以“大循环”的方式运行的，每一个循环为一个“太阳纪”，一共有五个太阳纪，太阳纪结束时，都会上演一次惊心动魄的毁灭剧情。

精美的玛雅雕刻

与众不同的玛雅金字塔»

在今天的墨西哥境内，矗立着许多宏伟的玛雅金字塔，它们像是一个个顶天立地的巨人，好奇却威严地观望着人们的劳作、生活。

与埃及金字塔不同的是，玛雅金字塔是用来祭祀神灵或者供祭司者观察天象的。

在玛雅金字塔中，算“库库尔坎金字塔”和“太阳金字塔”最神秘。据说，在“库库尔坎金字塔”前如果拿起两块石头互相撞击，你就会听到“咿呜咿呜”的回声。

▼玛雅金字塔

发达的数学»

大家做数学题的时候都会遇到“0”这个数字吧，可你知道是谁首先提出了“0”的概念吗？没错，就是聪明的玛雅人。在数学方面，玛雅人创造了被称为“人类头脑光辉的产物”的数学体系。他们独立发展了零的概念，使用二十进制的数字系统，一些碑文显示玛雅人有时会用到亿。这些数字知识，为玛雅人更好地从事农业生产、建设宏伟建筑等提供了智慧支持。

▲刻在石板上的玛雅数字及文字

戛然而止的辉煌»

▲玛雅庙宇

公元3至9世纪，玛雅文化进入繁盛期，各地出现了许多规模宏大的建筑群，然而根据考古发掘人们发现，在10世纪玛雅人突然抛弃这些宏大建筑而迁徙他处，从此玛雅文明开始走向衰落。到底发生了什么呢，对此，小博士收集到了3种说法。

说法一：干旱所致。那时玛雅人生活的地方发生了连年的干旱，这摧毁了玛雅人的文明基础——农业。而玛雅人没有打井筑渠的知识，在河流湖泊干涸后，因农业歉收而引发一系列严重危机，为了生存，玛雅人只有离开家园寻找新的生存之地。

说法二：生态危机论。玛雅人以种植玉米为农业基础，而玛雅鼎盛时期，土地压力却越来越大，玉米产量也就日渐减少，粮食供给不足的玛雅人只好弃城，另寻出路。可能这个解释比较能服众吧。

▼玛雅石头柱雕

说法三：与太阳周期有关。美国一位学者经过研究发现，玛雅地区的虫灾有明显的周期性，受太阳周期影响，每208年就会发生一次。同时通过对玛雅地区沉积岩取样发现，玛雅文明消失前玛雅地区正好处于一次旱灾之中。

▼玛雅文明遗存